Schnürchen

Süppchen

Selma

Wilma

Schräubchen

Friedbert Stohner
Wie die Wichtelinnen
Weihnachten retteten

Friedbert Stohner

Wie die Wichtelinnen Weihnachten retteten

Eine Adventsgeschichte in 24 Kapiteln

Mit Bildern
von Katrin Engelking

dtv

Das erste Kapitel, in dem der Weihnachtsmann ganz schön bockig ist

Weit, weit im Norden, wo es noch richtig Winter wird mit Schnee und Eis und allem, liegt tief im Weihnachtswald das Weihnachtsdorf. Dort wohnt der Weihnachtsmann mit seinen Wichteln, und schon im Frühling schickt er sie aus, damit sie ihm berichten, wie brav die Menschenkinder übers Jahr sind und was sie sich zu Weihnachten wünschen.

Die Wichtel sind es auch, die alles für die große Weihnachtsreise zu den Kindern vorbereiten. Ab Oktober besorgen sie die Geschenke, im November beginnt das große Plätzchenbacken, und im Dezember, wenn die Menschenkinder die Türchen am Adventskalender öffnen, wickeln die Wichtel alles schön in Geschenkpapier und verstauen es ordentlich sortiert auf dem großen Rentierschlitten.

Nur die Reise machte der Weihnachtsmann lange allein – und *lange* heißt hier *wirklich lange*: Selbst die ältesten Wichtel konnten sich nicht erinnern, dass es jemals anders gewesen wäre. Und Wichtel werden über hundert Jahre alt!

Was die Reise zu den Menschenkindern anging, ließ der Weihnachtsmann einfach nicht mit sich reden. Die war ganz allein seine Sache, da konnten die Wichtel noch so sehr mosern, dass sie doch mitkommen und wenigstens die Päckchen unter die Weihnachtsbäume legen könnten. Das Bücken fiel dem alten Herrn nämlich jedes Jahr schwerer, und wenn er von der Reise zurückkam, zwackte ihn noch wochenlang der Rücken.

»Es sähe auch schöner aus«, sagten die Wichtel.

»*Was* sähe schöner aus?«, fragte der Weihnachtsmann.

»Die Päckchen unterm Weihnachtsbaum«, antworteten die Wichtel. »Weil du sie nur noch von oben hinschmeißt, und hinterher liegen sie kreuz und quer über den Fußboden verstreut.«

»Und woher wollt ihr das wissen?«, fragte der Weihnachtsmann.

»Die Kinder reden bis in den März darüber«, antworteten die Wichtel, und das stimmte.

Aber der Weihnachtsmann gab trotzdem nicht nach,

weil er dachte, dass nur er persönlich den Kindern die richtigen Geschenke bringen könne.

»Papperlapapp kreuz und quer!«, sagte er bockig. »Immer noch besser, als wenn die Kinder die falschen Geschenke bekämen. Nein, nein und nochmals nein – es wird gemacht, wie wir es immer gemacht haben!«

So war das, und auch in dem Jahr, von dem hier erzählt werden soll, ging bis weit in den Dezember hinein im Weihnachtsdorf alles seinen gewohnten Gang. Dann aber kam der Tag, an dem der arme alte Weihnachtsmann plötzlich kopfüber und mit den Füßen nach oben in einem Wertstoff-Container steckte. Klingt verrückt, aber genau so war es – und wie es dazu kam, das hören wir morgen.

Das zweite Kapitel, in dem es dem Weihnachtsmann gar nicht gut geht

Es fing eigentlich ganz harmlos damit an, dass der Weihnachtsmann in der Packerei nach dem Rechten sehen wollte und in dem großen Wertstoff-Container neben einem der Packtische ein Stück rotes Glitzerbändchen bemerkte. Es war nicht lang und hätte höchstens für ein klitzekleines Päckchen gereicht, aber es gab eben auch klitzekleine Geschenke wie zum Beispiel witzige Radiergummis für Kinder, die gern zeichneten. Man hätte das Bändchen also noch gebrauchen können, und wenn es etwas gab, was der Weihnachtsmann nicht leiden konnte, dann war es Verschwendung.

»Hohoho, was haben wir denn da?!«, rief er. Dann schaute er um sich und wollte den nächstbesten Packwichtel dazu verdonnern, das Stück Glitzerbändchen auf der Stelle wieder aus dem Container herauszuholen. Es hörte ihn nur leider niemand, und weil es um das schöne Bändchen ewig schade gewesen wäre, stellte er

sich selbst auf die Zehenspitzen, um es aus dem Container zu fischen.

Bis der Weihnachtsmann das Bändchen mit den Fingerspitzen berührte, ging auch alles gut. Aber dann wollte er zugreifen, und da passierten zwei Dinge gleichzeitig: Er kippte vornüber, und es fuhr ihm in den Rücken wie in seinem ganzen langen Leben nicht.

Sein »Hohoho, was haben wir denn da?!« hatten die fleißigen Packwichtel nicht gehört, aber von seinem »AUAAA!« fielen ihnen fast die schönen Segelohren ab.

Im Nu war es in der Packerei mucksmäuschenstill, und alle schauten zu dem armen Weihnachtsmann hin. Oder eigentlich zu seinen Beinen, die von den Knien bis zur Sohle der karierten Filzstiefel, die er zu Hause gern trug, oben aus dem Wertstoff-Container schauten.

Es sah aus, als hätte der alte Herr einen Köpfer in den Container gemacht, aber wozu? Und wieso bewegten sich seine Beine nicht und standen nur stocksteif in die Höhe? Wenn man kopfüber irgendwo feststeckte, versuchte man sich doch freizustrampeln, oder nicht? Alle im Packraum wunderten sich, aber nur einer sagte was:

der Oberpackwichtel Matti, den alle nur Schnürchen nannten, weil er gern davon redete, dass beim Packen alles wie am Schnürchen laufen müsse.

»Chef, suchst du was?«, rief er von oben, vom Packtisch aus, in den Container.

»Nein!«, stöhnte von tief unten der Weihnachtsmann.

»Sonst komm ich dir helfen!«, rief Schnürchen, der es dem Weihnachtsmann gern recht machte.

»Nein!«, stöhnte der Weihnachtsmann. »Jetzt geh doch endlich jemand Pflästerchen holen, Himmeldonnerkeil noch mal!«

Aber Pflästerchen war schon auf dem Weg. Oder wie es richtig heißen müsste: die Wichtelärztin Frau Dr. Anna-Leena, die alle nur Pflästerchen nannten. Sie hatte das »AUAAA!« bis in ihre Praxis ein paar Häuser weiter gehört. Jetzt kam sie mit ihrem Arztköfferchen und wehendem weißen Kittel angelaufen, und obwohl sie von dem Weihnachtsmann auch nicht mehr sah als die anderen, wusste sie auf den ersten Blick, womit sie es zu tun hatte.

»Klarer Fall von Rücken!«, sagte sie. »Wahrscheinlich ein Hexenschuss.«

Und kaum war das Wort »Hexenschuss« gefallen, stand die Frau des Weihnachtsmanns in der Tür zur Packerei. Auch sie hatte das »AUAAA!« gehört, obwohl sie sich im Weihnachtsbüro aufgehalten hatte, wo man beim Tastaturgeklapper der vielen Computerwichtel kaum sein eigenes Wort verstand.

»So, mein Lieber!«, sagte sie, während sie zu ihm in den Container schaute. »Und dieses Jahr hat sich's was mit dem Allein-durch-die-Weltgeschichte-Düsen – sei froh, wenn du überhaupt auf die Reise gehen kannst!«

Jetzt hätte der Weihnachtsmann eigentlich protestieren müssen, aber mehr als ein leises »Eiweiwei!« schaffte der Arme nicht.

Und seine Frau fragte die Doktorin: »Oder was meinst du, Pflästerchen?«

»Ganz deiner Meinung«, antwortete die.

Erst dann zog die Frau des Weihnachtsmanns ihn aus dem Container, und als er endlich wieder auf den Füßen stand, brachte er nicht mal mehr das »Eiweiwei!« heraus, so schlecht ging es ihm.

Genau sieben Tage vor Weihnachten war das, und weil es gegen Hexenschüsse im Rücken alle möglichen Salben und Spritzen gibt, hört es sich vielleicht nicht so schlimm an. Aber es hätte nicht viel gefehlt, und es wären in dem Jahr nicht *falsche* Geschenke unter den Weihnachtsbäumen gelandet, sondern *gar keine*. Dass am Ende alles gut ausging, lag an den Wichteln. Genauer gesagt: an den Wichtel*innen*.

Aber erst mal dachte der Weihnachtsmann, es bliebe alles beim Alten – und wie sehr er sich da täuschte, das hören wir morgen.

Das dritte Kapitel, in dem der Weihnachtsmann nervt

Sie brauchten eine geschlagene Stunde, bis sie den armen Weihnachtsmann ins Bett gebracht hatten. Seine Wichtel gehen ihm ja gerade mal bis zum Stiefelrand, also konnten sie ihm nur gut zureden, während er sich, immer an den Wänden entlang und auf die Schulter seiner Frau gestützt, ins Schlafzimmer oben im ersten Stock schleppte. Vielleicht hätte er es auch in einer halben Stunde geschafft, wenn er nicht alle paar Schritte stehen geblieben wäre und unter vielen Eiweiweis von dem Stück Glitzerbändchen angefangen hätte, das unbedingt jemand aus dem Wertstoff-Container holen solle, weil man es noch gebrauchen könne.

»Ist gut, Chef, wird gemacht, Chef!«, sagte Schnürchen ein ums andere Mal, aber Ruhe gab der Weihnachtsmann erst, als seine Frau energisch wurde.

»Noch *ein Wort* von dem Bändchen, und ich lass dich hier stehen!«, drohte sie ihm ausgerechnet am Fuß der Treppe nach oben, die er niemals allein hinaufgekommen wäre.

Als er endlich im Bett lag, kletterte die Wichteldoktorin Pflästerchen zu ihm hinauf und verpasste ihm fünf Spritzen, und von der zweiten an stöhnte er jedes Mal: »Eiweiwei, *noch* eine?«

»Für einen Wichtelhexenschuss würde eine reichen«, erklärte ihm die Doktorin, und seine Frau schimpfte: »Himmel, jetzt stell dich nicht so an!«

Aber so furchtlos er war, wenn er seinen Schlitten hoch in der Luft über den Nachthimmel steuerte, vor Spritzen hatte der Weihnachtsmann eine Heidenangst. Auch vor so kleinen wie denen von Pflästerchen.

»So, das reicht«, sagte die Doktorin nach der letzten. Dann hüpfte sie vom Bett und ließ noch fünf Tübchen Salbe da. »Für die Nacht«, erklärte sie. »Und morgen früh sehen wir weiter.«

Aber oje, die Spritzen halfen nicht viel und die Salbe auch nicht! Als der Weihnachtsmann am nächsten Morgen aufstehen wollte, schaffte er es nur mit den Füßen aus dem Bett, dann war Schluss, und seine Frau musste ihm wieder zurück- und unter die Decke helfen.

Trotzdem sollte sie auf gar keinen Fall Pflästerchen rufen.

»Gut«, sagte seine Frau. »Aber weißt du, wie lange so ein Hexenschuss unbehandelt dauert?«

»Eiweiwei, nein!«, stöhnte der Weihnachtsmann.

»Aber ich«, sagte seine Frau. »Ich hab's gestern Abend noch gegoogelt.«

»Und?«, stöhnte der Weihnachtsmann.

»Zehn Tage – mindestens«, sagte seine Frau.

Da durfte die Wichteldoktorin kommen, und statt fünf Spritzen bekam der Weihnachtsmann diesmal sechs.

»Und die Salbe nicht vergessen!«, sagte die Doktorin und ließ ihm davon auch ein Tübchen mehr da als letztes Mal.

»Aber die brennt«, beschwerte sich der Weihnachtsmann.

»Ich weiß«, sagte die Doktorin.

So ging das noch zwei Tage mit noch mal sechs Spritzen und einmal sogar sieben, und auch die Salbe war fast alle, aber der Weihnachtsmann schaffte es immer noch nicht aus dem Bett und nervte nur fürchterlich, weil er alle naselang wissen wollte, ob bei den Reisevorbereitungen auch alles klappte. Wie das ohne ihn möglich sein sollte, konnte er sich beim besten Willen nicht vorstellen, darum hatte er sich eigens ein Weihnachtsglöckchen neben das Bett montieren lassen, mit dem er bimmelte, bis jemand kam, den er ausfragen konnte.

Es war für alle keine einfache Zeit, aber am schlimmsten war es für den Oberpackwichtel Schnürchen – und warum, das hören wir morgen.

Das vierte Kapitel, in dem ein Wichtelmädchen die Ohren spitzt

Noch ging im Weihnachtsdorf alles seinen guten vorweihnachtlichen Gang. Der Weihnachtsmann glaubte es nur nicht und bimmelte ohne Ende. Und jedes Mal, wenn er bimmelte, musste der Oberpackwichtel Schnürchen zu ihm hin, weil alle sagten, er wisse doch sonst auch immer, wie man's dem Chef recht macht.

»Es läuft alles wie am Schnürchen«, versicherte der arme Schnürchen dem Weihnachtsmann, egal wonach der sich erkundigte, aber insgeheim ging ihm der alte Herr ganz schön auf den Keks. Dabei konnte er sogar Gutes über das Glitzerbändchen berichten.

»Es hat wie abgemessen um ein Päckchen mit einem witzigen Radiergummi gepasst«, erzählte er.

»Und was bringe ich dieses Jahr für witzige Radiergummis?«, fragte der Weihnachtsmann, und schon war die gute Stimmung wieder hin, weil Schnürchen es nicht wusste.

»Ich frag nach und erzähl's dir nächstes Mal«, sagte er.

Aber beim nächsten Mal interessierte den Weihnachtsmann schon wieder etwas anderes.

»Ja, schön«, sagte er, als Schnürchen ihm berichtete, dass die Radiergummis dieses Jahr wie kleine Tannenzapfen aussahen. »Und die Rentiere, was ist mit den Rentieren?«

»Die stehen gut im Futter, und morgen lässt Hüfchen sie Probe fliegen«, berichtete Schnürchen.

Hüfchen, so nannte man den Rentierpfleger Mikko.

»Und der Schlitten?«, fragte der Weihnachtsmann.

»Doppelt gecheckt und blitzblank geputzt – du kennst doch Schräubchen.«

Schräubchen war die Schlittenwerkstattmeisterin Klara.

»Und das Navi?«, fragte der Weihnachtsmann.

»Hat Schräubchen mitgecheckt.«

»Sicher?«

»Sicher.«

»Gut«, brummelte der Weihnachtsmann. »Dann war's das für den Moment. Schau auf dem Weg in die Packerei nur auch in der Backstube vorbei und sag Bescheid, wenn ich mich dort um was kümmern soll!«

»Geht klar, Chef!«, sagte Schnürchen und sprang von der Bettkante, auf die er sich gesetzt hatte, damit sich der vom Hexenschuss geplagte Weihnachtsmann nicht aus dem Bett lehnen und zu ihm herunterbeugen musste.

Der Oberpackwichtel war schon bei der Tür, als hinter ihm erst Bettfedern quietschten und dann ein lang gezogenes »Eiweiweiweiwei!« ertönte. Er schaute zurück und sah, dass sich der Weihnachtsmann auf die andere Seite gedreht hatte.

»Wenn was ist, einfach wieder bimmeln, Chef!«, rief er und wusste selbst, dass das ein bisschen fies war. Er

hatte selbst schon einen Hexenschuss gehabt und erinnerte sich nur zu gut, wie lange es dauerte, bis nach einer falschen Bewegung der Schmerz nachließ.

In der Backstube schaute Schnürchen dann lieber nicht vorbei. Da schickte ihn der Weihnachtsmann öfter hin, und jedes Mal drohten sie ihm dort mit den Rührbesen und sagten, er könne in seiner Packerei nerven, aber nicht bei ihnen. Sollten sie in der Backstube doch machen, was sie wollten, Schnürchen hatte ganz andere Sorgen! Oder eigentlich war es nur eine, dafür aber eine riesengroße, nämlich dass es inzwischen nur noch zwei Tage waren, bis der Weihnachtsmann sich auf die Reise machen musste, wenn an Weihnachten alle Kinder ihre Geschenke bekommen sollten.

Wie der Weihnachtsmann bis dahin gesund werden sollte, war Schnürchen schleierhaft. Und was dann? Klar, die Wichtel wollten schon lange auf die Reise mitkommen, und die Frau des Weihnachtsmanns hatte deutlich genug gesagt, dass sie ihn nicht mehr allein durch die Weltgeschichte düsen lassen wollte – aber niemand hatte doch daran gedacht, dass er irgendwann mal *gar nicht* auf die Reise würde gehen können. Was, wenn es jetzt so weit war? Sollten die Wichtel dann etwa allein zu den Menschenkindern fliegen? Bei dem Gedanken wurde dem

Oberpackwichtel Schnürchen ganz schön mulmig. Und wenn ihm mulmig wurde, überlegte er nicht mehr still im Kopf, sondern redete leise vor sich hin.

»Himmel, was machen wir bloß, wenn er's bis zur Reise nicht schafft?«, murmelte er. »Ich muss gleich heute Nachmittag noch mit den Jungs reden!«

Während er das murmelte, kam Schnürchen an dem großen Blumentopf mit dem Weihnachtskaktus vorbei, der gleich neben der Tür zum Schlafzimmer des Weihnachtsmanns stand. Und was Schnürchen nicht wusste, war, dass sich hinter dem Blumentopf ein kleines Wichtelmädchen versteckte und die Ohren spitzte. Es hatte schon die ganze Zeit gelauscht – und wer das Wichtelmädchen war, das hören wir morgen.

Das fünfte Kapitel, in dem drei Wichtelmädchen einen Beschluss fassen

Das Wichtelmädchen hieß Alma, aber alle sagten nur Näschen zu ihr, weil sie so naseweis war. Ihre Mama war Schräubchen, die Schlittenwerkstattmeisterin, und morgens ging Näschen noch zur Wichtelschule, aber nachmittags trieb sie sich gern in der Packerei herum und schaute, was es da alles an Menschenkinderspielsachen zu sehen gab und ob vielleicht irgendwo ein leckeres Plätzchen vom Packtisch fiel, das sie dann behalten durfte. So hatte sie es auch heute gemacht, und dass sie jetzt hinter dem Blumentopf mit dem Weihnachtskaktus neben der Tür zum Schlafzimmer des Weihnachtsmanns stand, hatte damit zu tun, dass heute ihr Glückstag war.

Am liebsten mochte Näschen nämlich die doppelstöckigen Plätzchen mit Marmelade dazwischen, und genau so eins war ihr, kaum dass sie die Packerei betreten hatte, vor die Füße gefallen. Es war dabei nicht mal zerbrochen!

»Nimm's dir!«, sagte die Wichtelfrau, der es aus den

Händen gerutscht war. »Aber dann husch, weg da unten, bevor dir noch was Schweres auf den Kopf fällt!«

Da hatte sich Näschen, das für Menschenkinder gemachte doppelstöckige Marmeladeplätzchen wie eine kleine Geburtstagstorte vor sich hertragend, davongeschlichen, und plötzlich waren alle in der Packerei zusammengezuckt, weil sie das Weihnachtsglöckchen bimmeln hörten.

»Oh nein, was will er denn jetzt schon wieder!«, hatte Schnürchen geseufzt und sich erst mal nicht von der Stelle gerührt. Erst beim zweiten Bimmeln hatte er sich leise mosernd auf den Weg zu seinem nervigen Chef gemacht, und Näschen war ihm bis zur Tür zum Schlafzimmer des Weihnachtsmanns gefolgt.

So hatte sie Schnürchen und den Weihnachtsmann belauschen können, und jetzt wartete sie in ihrem Versteck hinter dem Topf mit dem Weihnachtskaktus, bis Schnürchen weg war, dann schlich sie sich leise die Treppe hinüber und durch das Gewusel in der Packerei aus dem Haus. Das Plätzchen hatte sie da noch nicht mal angebissen, und auch jetzt wollte sie erst zu ihren zwei allerbesten Freundinnen Selma und Wilma. Wo die waren, wusste sie: auf der Eisbahn neben der Schule beim Schlittschuhlaufen. Als Näschen dort ankam, war die Freude groß.

»Ein Marmeladeplätzchen! Näschen hat wieder mal ein Marmeladeplätzchen abgestaubt!«, rief Selma, als sie die Freundin kommen sah.

»Und es ist sogar noch heil!«, freute sich Wilma.

Aber das war es nicht mehr lange, so wie Selma und Wilma darüber herfielen. Im Nu war kein Krümelchen mehr übrig, und nur Näschen stand dabei und futterte nicht mit. Sie wartete, bis die Freundinnen fertig waren, dann sagte sie:

»Hört zu!«

Erst da merkten Selma und Wilma, wie ernst Näschen heute dreinschaute.

»Was ist denn los?«, wollten sie wissen.

»Waren's *zwei* Marmeladeplätzchen, und du hast eins allein gegessen?«, fragte Selma.

»Und jetzt hast du Bauchweh?«, fragte Wilma.

»Nein, mir geht's gut«, sagte Näschen. »Aber dem armen Weihnachtsmann geht's richtig, richtig schlecht.«

»Immer noch der Hexenschuss?«

»Ja«, sagte Näschen. »Und bis zur Weihnachtsreise wird das auch nicht mehr.«

»Ui!«

»Schlimm!«

»Ja«, sagte Näschen. »Und wisst ihr, was das heißt?«

»Dass die Menschenkinder dieses Jahr …«, sagte Selma und stockte.

»… keine Weihnachtsgeschenke bekommen?«, brachte Wilma den Satz zu Ende.

»Nein«, sagte Näschen. »Das heißt, dass wir uns was überlegen müssen.«

»WIR?«, riefen ihre beiden Freundinnen gleichzeitig.

»Ja, wir«, sagte Näschen. Und dann erzählte sie, was sie Schnürchen hatte murmeln hören.

Aber die Freundinnen verstanden nicht gleich.

»Ja und? Er denkt eben, dass wir Wichtel die Sache selbst in die Hand nehmen müssen«, sagte Selma.

»Können wir ja auch«, sagte Wilma. »Deine Mama

kann wahrscheinlich besser Rentierschlitten fliegen als der Weihnachtsmann selbst.«

Das stimmte natürlich, aber Näschen schüttelte trotzdem den Kopf.

»Hört ihr mir eigentlich zu?«, fragte sie. »Ich hab euch doch erzählt, was Schnürchen gemurmelt hat!«

Da mussten die beiden noch mal kurz überlegen, aber dann hatten sie's:

»Dass er gleich heute Nachmittag noch mit den Jungs reden muss …«

»*Mit den Jungs!*«

»Genau«, sagte Näschen. »Es ist erst nur ein Verdacht, aber ich wette, der meint damit seine Kumpel, und am Ende wollen die das mit der Weihnachtsreise unter sich ausmachen.«

»Das würde denen so passen!«

»Wir sagen unseren Mamas Bescheid, dann können sie was erleben!«

»Nein«, sagte Näschen. »Die Mamas sind ja alle noch bei der Arbeit. Wir kriegen jetzt erst mal raus, was genau die Kerle vorhaben.«

So beschlossen es die drei – und was sie herausfanden, das hören wir morgen.

Das sechste Kapitel, in dem es vier Kumpel verdächtig eilig haben

Näschen und ihre Freundinnen dachten ja, es wäre schwer, Schnürchen und seinen Kumpeln auf die Schliche zu kommen. Aber dann war es ganz einfach. Kaum waren die drei Wichtelmädchen nämlich in die Packerei geschlüpft, da hörten sie schon das Weihnachtsglöckchen bimmeln und sahen Schnürchen davonflitzen. Aber nicht allein! Mit ihm flitzten Hüfchen, der Rentierpfleger, Schmirgelchen, der in der Schlittenwerkstatt arbeitete, und Süppchen, der Koch der Weihnachtskantine, der als Einziger im Weihnachtsdorf keine Zipfelmütze, sondern die höchste rote Wichtelkochhaube der Welt trug.

»Da haben wir sie ja«, sagte Näschen. »Nur komisch, dass sie es so eilig haben – sonst lässt Schnürchen den Weihnachtsmann mindestens zweimal bimmeln.«

»Und was jetzt?«, flüsterten Selma und Wilma zurück.

»Schleichen wir denen hinterher«, flüsterte Näschen, und das machten sie.

Besser gesagt, sie flitzten unter den Packtischen durch, damit sie nicht zu lange nach Schnürchen und seinen Kumpeln beim Weihnachtsmann ankamen. Sie wollten schließlich nichts verpassen. Nur schade, dass ihnen unterwegs ein Zimtstern vor die Füße fiel und sie nicht anhalten konnten, um ihn mitzunehmen. Aber vielleicht blieb er ja länger liegen, dann würden sie ihn sich später holen.

Die Wichtelmädchen waren am Fuß der Treppe zum ersten Stock, als sie Schnürchen und seine Kumpel oben ins Schlafzimmer des Weihnachtsmanns stürmen hörten.

»Hohoho!«, rief der. »Heute gleich zu viert? Habt ihr nichts zu tun?«

»Doch«, sagte Näschen.

»Und was wollt ihr dann alle hier?«, fragte der Weihnachtsmann.

»Wir brauchen deinen Rat«, sagte Schnürchen.

Näschen und ihre Freundinnen waren noch nicht ganz die Treppe hinauf, und trotzdem blieb Näschen kurz stehen.

»Gar nicht so doof!«, flüsterte sie, bevor sie weiterschlich. »Das hätt ich denen gar nicht zugetraut.« Und als die anderen sie fragend anschauten: »Wartet's ab!«

»Ich höre«, sagte der Weihnachtsmann.

Dann gab es eine kleine Pause, in der sich Schnürchen ein paarmal räusperte, während draußen auf dem Flur die drei Freundinnen hinter den Topf mit dem Weihnachtskaktus huschten.

»Ähäm«, räusperte sich Schnürchen bestimmt zum fünften oder sechsten Mal, dann hatte er offenbar den nötigen Mut beisammen und sagte: »Es ist wegen übermorgen.«

»Ja?«, sagte der Weihnachtsmann. »Was *ist* übermorgen?«

»Weihnachten«, sagte Schnürchen, und von da an redete er so schnell wie die Leute in der Arzneireklame im Wichtelfernsehen, wenn sie sagten, dass man wegen Risiken und Nebenwirkungen seinen Arzt, seine Ärztin oder in der Apotheke fragen solle. Das sagte Schnürchen natürlich nicht, sondern:

»Damüsstestdujareisenundkeine AhnungobdasgehtaberwasmachenwirwennnichtʔSollenwirviernichtwenigstenssotunalsgingeesnichtundallessovorbereitetdasswirausnahmsweisefürdicheinspringenkönnenʔ«

Stille. Kein Mucks kam aus dem Schlafzimmer des Weihnachtsmanns, und auch die drei Wichtelmädchen mussten erst mal alles sortieren, was da ohne Punkt und Komma aus Schnürchen herausgesprudelt war. Aber sie waren schneller als der Weihnachtsmann.

»Wow!«, flüsterte Selma. »Das hört sich an, als hätten sie sich alles schon ganz genau überlegt …«

»… und jetzt tun sie so, als wollten sie nur einen Vorschlag für den Notfall machen – ganz schön schlau!«, flüsterte Wilma.

»Sag ich doch!«, flüsterte Näschen.

Es fragte sich nur, was der Weihnachtsmann dazu sagte. Aber erst mal knarzte nur sein Bett, und das Nächste, was die Wichtelmädchen hörten, war ein jämmerliches »Eiweiwei!«. Erst dann sagte der Weihnachtsmann was, nämlich:

»Hä?«

Der Arme hatte offenbar kein Wort verstanden. Weshalb Schnürchen nichts anderes übrig blieb, als das Ganze noch mal schön langsam zu wiederholen. Von »Da müsstest du ja reisen …« bis »… ausnahmsweise für dich einspringen können?«.

Diesmal verstand es der Weihnachtsmann – und was er dazu sagte, das hören wir morgen.

Das siebte Kapitel, in dem bei Weihnachtsmanns die Fensterscheiben klirren

»IHR HABT JA WOHL NICHT MEHR ALLE KUFEN AM SCHLITTEN!«, donnerte der Weihnachtsmann. »*IHR* REIST ZU DEN MENSCHENKINDERN, UND *ICH* BLEIB HIER IM BETT, IHR ZIPFELMÜTZEN???!!!«

Der Weihnachtsmann donnerte so laut, dass man ihn bis ins Weihnachtsbüro hörte, und jetzt wurde es für die drei Wichtelmädchen hinter dem Weihnachtskaktus gefährlich, denn kaum war es oben im Schlafzimmer still, hörte man unten eine Tür schlagen und dann Schritte auf der Treppe. Es waren große Polterschritte, also konnte es nur die Frau des Weihnachtsmanns sein.

Näschen und ihre Freundinnen machten sich ganz klein, und trotzdem war es pures Glück, dass es die Frau des Weihnachtsmanns so eilig hatte, sonst hätte sie bestimmt Selmas abgeknicktes Mützenzipfelchen hinter dem Weihnachtskaktustopf hervorschauen sehen. In der

Eile aber stürmte sie an dem Topf vorbei und schimpfte schon unter der Tür:

»Himmel, was schreist du denn herum, dass im ganzen Haus die Fensterscheiben klirren?«

Dann sah sie wohl erst, dass der Weihnachtsmann nicht allein war.

»Was wollt *ihr* denn alle hier?«, fragte sie.

»FÜR MICH AUF DIE WEIHNACHTSREISE GEHEN WOLLEN DIE VIER ZIPFELMÜTZEN!«, tobte der Weihnachtsmann. »ABER DAS KÖNNTE IHNEN SO PASS...«

Bis dahin kam der Weihnachtsmann, dann hörten die Wichtelmädchen wieder sein Bett knarzen, nur knarzte es diesmal viel heftiger als zuvor, also hatte er sich wohl auch viel heftiger bewegt. Sein »EIWEIWEIIIII!« hörte man bestimmt wieder bis ins Weihnachtsbüro.

»So, so«, sagte seine Frau, als hätte sie als Einzige sein Gejammer nicht gehört.

Und Schnürchen gleich: »Es war nur ein Vorschlag, falls er bis übermorgen nicht gesund ist.«

»Aha«, sagte die Frau des Weihnachtsmanns.

»Ja«, sagte Schnürchen schnell. »Hüfchen kann tippitoppi mit den Rentieren umgehen ...«

»Stimmt«, sagte Hüfchen.

»Schmirgelchen kennt sich tippitoppi mit dem Schlitten aus …«

»Stimmt«, sagte Schmirgelchen.

»Süppchen hat in den besten Wichtelhäusern gekocht und kennt die ganze Welt …«

»Von hier bis Singapur«, sagte Süppchen.

»Und *ich* würde dafür sorgen, dass alles wie am Schnürchen läuft«, sagte Schnürchen.

Der Weihnachtsmann wimmerte leise: »Nein!«

Aber seine Frau sagte: »Sich auf den Notfall vorzubereiten, ist doch erst mal nicht verkehrt.«

»Dann sollen wir also?«, fragte Schnürchen.

»Aber nur für alle Fälle!«, wimmerte der Weihnachtsmann leise.

»Siehst du, geht doch!«, sagte seine Frau. Und zu Schnürchen und seinen Kumpeln: »Los, ab mit euch! Der große Meister braucht erst mal eine Runde Salbe.«

Da gab es blitzschnell ein Getrippel und Getrappel, und wieder hatten die Wichtelmädchen Glück, denn diesmal schaute Wilmas abgeknicktes Mützenzipfelchen hinter dem Weihnachtskaktustopf hervor, und die vier, die aus dem Schlafzimmer geflitzt kamen, sahen es nur nicht, weil sie es fast noch eiliger hatten als vorhin die Frau des Weihnachtsmanns.

»Yes!«, hörten die Wichtelmädchen sie im Vorüberrennen flüstern. »Yes, yes, yes!«

Näschen und ihren Freundinnen aber wurde ganz schlecht, weil sie wussten, dass fast alles, was die vier drinnen im Schlafzimmer erzählt hatten, astrein geflunkert war.

Gut, in der Packerei lief wirklich alles wie am Schnürchen – aber nur, weil dort alle so geschickt und fleißig waren, dass Schnürchen mit seinem ewigen »Hier muss alles laufen wie am Schnürchen!« nicht weiter störte.

Und ja, Hüfchen konnte mit den Rentieren umgehen, und das gehörte sich auch so für einen Rentierpfleger – aber mehr als ein paar Proberunden über dem Stall war er noch nie mit ihnen geflogen, und letztes Jahr hatte er dabei die Landung verpatzt und war im hohen Bogen in eine Schneewehe gesegelt, aus der ihn seine Kumpel hatten herausschaufeln müssen.

Aber noch viel schlimmer war Schmirgelchen, der so hieß, weil sie ihn in der Schlittenwerkstatt nur noch die Kufen schmirgeln ließen, seit er einmal den Ersatzschlitten zum Saubermachen auseinandergebaut hatte und beim Wiederzusammenbauen eine riesengroße Mistkarre herausgekommen war.

Ach ja, und Süppchen – der hatte überhaupt noch

nirgendwo anders gekocht als in der Kantine im Weihnachtsdorf, und das Einzige, was er wirklich gut konnte, war dicke gelbe Erbsensuppe. Dafür schmeckte bei ihm auch alles andere nach dicker gelber Erbsensuppe. Sogar Pudding!

Was sollte das bloß werden, wenn sich ausgerechnet die vier größten Dussel im ganzen Weihnachtsdorf auf die Reise zu den Menschenkindern machten? Das fragten sich die drei Wichtelmädchen auf dem ganzen Weg die Treppe hinunter und durch die Packerei wieder ins Freie. Schon den Gedanken daran fanden sie so fürchterlich, dass sie nicht mal sahen, dass der heruntergefallene Zimtstern immer noch auf dem Fußboden lag. Er war zwar in drei Teile zerbrochen, aber das hätte ja gepasst.

Draußen holten Näschen und ihre Freundinnen erst mal tief Luft – und was sie dann machten, das hören wir morgen.

Das achte Kapitel, in dem drei Wichtelmamas einen Plan schmieden

Was die drei Wichtelmädchen machten? – Sie gingen schnurstracks zu ihren Mamas nach Hause und erzählten ihnen, was sie wussten. Und die Mamas waren so entsetzt, dass sie einander anriefen und fragten, ob das alles wahr sein konnte. Ihre Handys waren dabei laut gestellt, und die Mädchen hörten mit.

»Ich fürchte, es *ist* wahr«, sagte Näschens Mama, die ja gleichzeitig die Schlittenwerkstattmeisterin Schräubchen war. »Schmirgelchen hat mich heute Morgen gefragt, ob er morgen die Proberunde mit Hüfchen fliegen darf.«

»Wolltest du nach der Bruchlandung letztes Jahr nicht sowieso selber Probe fliegen?«, fragte Selmas Mama, die im Weihnachtsdorf für alles mit Computern zuständig war und deshalb ITchen genannt wurde.

»Hüfchen hat so lange gebettelt, bis ich ihm eine letzte Chance versprochen habe«, antwortete Schräubchen. »Und dass Schmirgelchen mitfliegt, ist dann auch egal.«

»Nur *ich* kann hinterher *zwei* Gesichter verpflastern!«, beschwerte sich Pflästerchen, die Wichteldoktorin, die gleichzeitig Wilmas Mama war.

»IHR MÜSST WAS TUN, NICHT QUATSCHEN!«, riefen da die drei Wichtelmädchen, die neben ihren telefonierenden Mamas standen. Es hörte sich an wie abgesprochen, war es aber gar nicht. Sie dachten nur wie die meisten allerbesten Freundinnen im selben Moment dasselbe.

»Die Mädels haben recht«, sagte Schräubchen, und das fanden die anderen beiden Mamas auch.

Aber *was genau* sollten sie tun? Der Oberbestimmer im Weihnachtsdorf war nun mal der Weihnachtsmann, und wenn der selbst ausfiel und die vier Dussel auf die Weihnachtsreise gehen ließ, dann konnte man schwerlich was dagegen machen.

»Und wenn wir Wichtelfrauen alle zusammen sagen, dass wir dann die Arbeit niederlegen?«, fragte ITchen.

»Sind die Kerle aufgeschmissen«, sagte Pflästerchen.

»Die Menschenkinder aber auch«, sagte Schräubchen.

»BITTE NICHT!«, riefen die drei Wichtelmädchen. »DIE KÖNNEN JA NICHTS DAFÜR!«

Genau da klingelte es bei Schräubchen an der Tür, und als Näschen hinging und aufmachte, stand draußen die Frau des Weihnachtsmanns.

»Es … ist … fürchterlich«, sagte sie vollkommen aus der Puste, und als sie drinnen im Sessel saß und ein paarmal tief Luft geholt hatte, erzählte sie im Grunde dasselbe wie vorher die drei Mädchen. Nur dass sie auch noch sauer auf sich selber war. »Und ich hab ihm noch zugeredet, dass er sie machen lassen soll!«, schimpfte sie. »Ich hätte vorher mit meinen Bürowichtelinnen reden müssen, nicht nachher. Als die hörten, wer vielleicht die Weihnachtsreise macht, haben sie die Hände überm Kopf zusammengeschlagen.«

»UND MIT RECHT!«, kam es da aus allen drei Han-

dys, und diesmal waren es die Mamas, die alle dasselbe sagten. Oder eigentlich stöhnten.

Und jetzt? Jetzt brauchten sie dringend einen Plan, wenn die Weihnachtsreise keine Katastrophe werden sollte. Denn was die Frau des Weihnachtsmanns weiter berichtete, machte die Sache nicht besser.

»Ich hab dann noch mal mit ihm geredet«, erzählte sie. »Aber genauso gut hätte ich einem Rentier ins Horn kneifen können. Er weiß schon, was Schnürchen und seine Kumpel für Knalltüten sind, aber er denkt sowieso, er schafft es im letzten Augenblick noch auf den Schlitten und kann auf sie aufpassen.«

»Ausgeschlossen!«, kam es von Pflästerchen zurück. »Die Spritzen, die ich ihm dafür geben müsste, sind noch gar nicht erfunden!«

So war das, und darum brauchten sie so dringend einen Plan. Schräubchen war es dann, die als Erste eine Idee hatte.

»Wir haben doch alles doppelt«, sagte sie. Und als ihr Handy stumm blieb und auch Näschen und die Frau des Weihnachtsmanns sie nur fragend anschauten, erklärte sie genauer, was sie meinte: »Die Rentiere, den Schlitten, den Schlüssel, mit dem man in alle Menschenhäuser kommt – wir haben doch alles doppelt, falls mal was mit

einem von den Tieren oder dem Schlitten wäre oder jemand den Schlüssel verschlampt ...«

Hier machte die Schlittenwerkstattmeisterin Schräubchen eine kleine Pause, damit alle anderen »Stimmt!« sagen konnten.

»Seht ihr«, sagte Schräubchen. »Und darum machen wir es so, dass wir den zweiten Schlitten nehmen und den Dusseln unauffällig folgen, damit wir im Notfall eingreifen und alles richten können.«

»YEAH!«, kam es da von allen Seiten. »YEAH! YEAH! YEAH!«

Es dauerte eine Weile, bis sich alle wieder beruhigt hatten, dann sagte Schräubchen: »Und du, Eitichen ...«

So sprach man ITchen nämlich aus.

»Ja?«, sagte ITchen.

»Tust du uns bitte den Gefallen und programmierst uns auch das Navi am Ersatzschlitten?«, fragte Schräubchen.

»Logisch«, sagte ITchen.

Und damit war der Plan beschlossen. Nur eine Frage blieb noch, nämlich wer eigentlich alles auf dem zweiten Schlitten mitfliegen sollte. Die drei Mamas, klar, aber etwa auch die Frau des Weihnachtsmanns? Zum Abladen der größeren Geschenke hätte man sie gut gebrauchen können, aber sie wollte nicht. Sie hatte ihre Hochzeitsreise mit dem Rentierschlitten gemacht, das hatte ihr gereicht.

»Nein, um Himmels willen, mir wird da oben schwindlig!«, sagte sie, als Näschen sie fragte.

»UNS NICHT!«, riefen da die drei Wichtelmädchen. »WIR SIND SCHWINDELFREI!«

Die Mamas zögerten erst noch, aber dann mussten sie zugeben, dass die klugen Mädchen ja überhaupt erst herausgefunden hatten, was die vier Dussel im Schilde führten. Hätten die Mädchen es *nicht* herausgefunden, wäre die Weihnachtsreise in jedem Fall in die Hose gegangen, also war es doch wohl nur gerecht, wenn sie weiter mitmachen durften. – So sahen das die Mädchen, und so sahen es am Ende auch ihre Mamas.

Übermorgen würde es losgehen – und was vorher passierte, als Hüfchen und Schmirgelchen den Probeflug machten, das hören wir morgen.

Das neunte Kapitel mit einem Probeflug, wie ihn das Weihnachtsdorf noch nicht gesehen hat

Es fing alles damit an, dass Schmirgelchen besser fliegen können wollte als sein Kumpel.

»Du hältst die Zügel zu locker!«, sagte er, als er neben Hüfchen auf der Sitzbank des Weihnachtsschlittens Platz genommen hatte.

»Bin *ich* hier der Pilot oder *du*?«, fragte Hüfchen.

»Nun ja«, sagte Schmirgelchen. »Vielleicht wäre es wirklich besser, wenn *ich* …«

»VERGISS ES!«, brüllte Hüfchen und riss vor Zorn so fest an den Zügeln, dass die acht angeschirrten Rentiere dachten, es wäre das Zeichen für den Start.

WUSCHHH! machte es, als sie losjagten, und Hüfchen und Schmirgelchen knallten gegen die Rückenlehne der Sitzbank, dass ihnen Hören und Sehen verging. Aber schon im nächsten Moment schmiss es sie nach vorn, und weil Hüfchen dabei wieder an den Zügeln riss, dachten die Rentiere, sie starteten vielleicht zu flach, und zogen so steil nach oben, dass Hüfchen und Schmirgelchen zum zweiten Mal gegen die Rückenlehne knallten, diesmal nur noch fester.

Unten neben der Start- und Landebahn gleich vor dem Schlittenhangar hatte sich, wie jedes Jahr beim Probeflug, das ganze Weihnachtsdorf versammelt, und alle schüttelten die Köpfe. Was die beiden da machten, ging doch nicht! Für den Probeflug war der Schlitten ja leer, aber wenn sie morgen so steil starteten, purzelten doch hinten die Pakete herunter!

»FLACHER!«, rief jemand nach oben. »IHR MÜSST FLACHER FLIEGEN!«

Aber das schienen Hüfchen und Schmirgelchen nicht zu hören. Und die Rentiere auch nicht. Jedenfalls raste der Schlitten auch noch steil nach oben, als er längst über die Wipfel des Weihnachtswaldes hinaus war.

»Ach du krümeliger Pfefferkuchen!«, stöhnten sie unten.

»Wenn das mal gut geht!«

»Nie im Leben geht das gut!«

Aber genau da schien sich alles zum Besseren zu wenden, denn plötzlich flog der Schlitten wunderbar geradeaus. Vielleicht kriegen es Hüfchen und Schmirgelchen doch noch hin, dachten sie unten, aber die zwei konnten

gar nichts dafür. Die Rentiere wussten nur von allein, wann sie die richtige Reisehöhe erreicht hatten.

Trotzdem fand Hüfchen, so einen Start müsse ihm erst mal einer nachmachen.

»Na, was sagst du jetzt?«, fragte er Schmirgelchen. »War das ein Spitzenstart oder nicht?«

Schmirgelchen hätte gern Nein gesagt, aber er konnte nicht. Dazu ging es ihm viel zu schlecht. Er war grün im Gesicht und starrte kerzengeradeaus, weil ihm schon beim Gedanken, nach unten zu schauen, schwindlig wurde. Dabei hätte er wissen müssen, dass es ihm da oben zu hoch war. Zu Hause konnte er nämlich nur die allerunterste Kugeln an den Weihnachtsbaum hängen. Die weiter oben musste seine Frau übernehmen.

»Und jetzt pass auf, wir fliegen eine Acht!«, rief Hüfchen, und Schmirgelchen schloss, grün im Gesicht und starr vor Schreck, die Augen.

»Was machen sie denn jetzt?«, wunderte man sich unten.

»Die fliegen eine Acht!«, wusste jemand.

Und es klappte sogar einigermaßen! Ein bisschen ruckelig und eckig sah es aus, aber die Acht war zu erkennen, und nur ganz am Ende wehte es ein paar Wölkchen Schnee von den Bäumen des Weihnachtswaldes, weil das Schlittenende die Wipfel streifte.

»Gar nicht mal *so* schlecht«, wunderte man sich unten.

»Das sind die Rentiere!«, wusste jemand. »Die machen das ja nicht zum ersten Mal.«

Und oben jubelte Hüfchen: »YIPPIEHHH! UND JETZT EIN LOOPING!«

Er jubelte so laut, dass man es bis nach unten hörte, und dort traute man seinen Ohren nicht.

»Ein Looping?«

»Ist der noch ganz bei Trost?«

Nein, das war Hüfchen offenbar nicht, und während der Schlitten steil nach oben schoss, machten sie es unten wie Schmirgelchen und schlossen die Augen. Alle.

»Yippiehhh!«, hörten sie Hüfchen noch einmal rufen, aber nur so leise, als käme es schon von weit über den Wolken. – Danach hörte man eine ganze Weile nichts, dann erst ein Rauschen, dann ein fürchterliches Knacken, dann ein Rumpeln und dann wieder eine Weile nichts.

Da öffneten sie unten neben der Start- und Landebahn vorsichtig die Augen und sahen als Erstes eine schmale Schneise, die nur der Schlitten zwischen die Baumwipfel gepflügt haben konnte. Die Schneise führte pfeilgerade zum Dach des Schlittenhangars, das zum Glück ein Flachdach war – denn da oben stand der Schlitten. Vorne scharrten die Rentiere dampfend mit den Hufen, und dahinter, auf dem Schlitten, saßen Hüfchen und Schmirgelchen. Auch Hüfchen war jetzt grün im Gesicht und hatte die Augen geschlossen, und beide sagten nichts.

Aber Schräubchen, die Schlittenwerkstattmeisterin, sagte was. Oder eigentlich rief sie es – und *was* sie rief, das hören wir morgen.

Das zehnte Kapitel, in dem es PFOFF! macht, als zwei tolle Flieger landen

»HABT IHR NOCH ALLE NADELN AN DER TANNE, IHR FLITZPIEPEN?!«, rief Schräubchen zum Hangardach hinauf.

Da öffneten die zwei im Schlitten die Augen, aber als Schmirgelchen sah, wo sie gelandet waren, schloss er sie gleich wieder. Erst dann rief er zurück:

»*ER* WAR'S! ICH HAB ÜBERHAUPT NICHTS GEMACHT!«

Es war Schräubchen, der Schlittenwerkstattmeisterin, aber vollkommen egal, wer was gemacht hatte und wer nicht. Sie rief nur:

»KOMMT SOFORT DA RUNTER, SONST KÖNNT IHR MORGEN ZU FUSS ZU DEN MENSCHENKINDERN LATSCHEN!«

Das war natürlich eine fürchterliche Drohung, aber man hörte, dass sie ernst gemeint war. Darum widersprachen die zwei auf dem Dach auch nicht. Als sie vom

Schlitten geklettert waren, wollte Hüfchen nur wissen, ob ihnen jemand eine Leiter bringen könne.

»NEIN!«, rief Schräubchen. »WER SO TOLL FLIEGEN KANN, KANN AUCH TOLL SPRINGEN!«

Da lachten sie unten alle, und die zwei auf dem Dach konnten von Glück sagen, dass gleich neben dem Tor des Hangars ein großer Hügel Schnee aufgeschaufelt war. In den sprangen die zwei, aber erst, nachdem Hüfchen seinen Kumpel Schmirgelchen an die Hand genommen hatte, weil der sich nicht traute. PFOFF! machte es, als die zwei tollen Flieger landeten, und weil der Schnee noch frisch und weich war, schauten danach nur zwei Zipfelmützen aus dem Hügel heraus.

Am Ende war alles noch mal gut gegangen, und die Zuschauer schüttelten sich vor Lachen und klatschten sogar Beifall, als die zwei es schafften, sich selbst aus dem Schneehügel auszugraben.

»Fehr komif!«, schimpfte Hüfchen und spuckte – pft! – ein Wölkchen Schnee.

»Aber eft!«, schimpfte Schmirgelchen und spuckte – pft! – auch ein Wölkchen Schnee.

Klar, da lachten alle noch mehr. Aber schon als Schräubchen, die Schlittenwerkstattmeisterin, am Ende doch eine Leiter holen ging, nämlich um aufs Hangardach zu steigen und das Rentiergespann herunterzufliegen – schon da lachte niemand mehr. Dazu wusste man viel zu gut, was der Probeflug, den sie gerade erlebt hatten, bedeutete. Er bedeutete nicht mehr und nicht weniger, als dass dieses Jahr alle Schutzengel im Himmel zusammen auf die Weihnachtsreisenden würden aufpassen müssen, sonst ging die Sache schief. Denn wer die Reisenden morgen sein würden, hatte sich inzwischen herumgesprochen.

»Wenn er den Probeflug gesehen hätte, würde er sich's bestimmt noch mal überlegen«, sagte eine der Packwichtelinnen auf dem Weg zurück an die Arbeit.

»Der Weihnachtsmann, meinst du?«, fragte eine zweite.

»Ja«, antwortete wieder die erste.

»Glaub ich nicht«, sagte eine dritte.

»Und warum nicht?«, fragte die erste.

»Männer«, sagte die dritte nur, und die anderen beiden nickten.

Als sich wenig später alle noch mal umschauten und sahen, wie spielend leicht Schräubchen das Rentiergespann vom Hangardach lenkte, dachten sie haargenau dasselbe, nämlich dass der Weihnachtsmann einen riesengroßen Fehler machte.

Oder Moment: Nicht alle dachten so! Da waren ja auch noch Schnürchen und Süppchen. Die hielten sich ein bisschen abseits, und als Hüfchen und Schmirgelchen die letzten Schneewölkchen ausgespuckt hatten, sagte Schnürchen:

»Gut gemacht, Jungs! Die Landung auf dem Hangardach war erste Sahne.«

»Und der Looping erst!«, sagte Süppchen.

»Der kommt als erster Weihnachtsschlitten-Looping ins Wichtelbuch der Rekorde«, sagte Schnürchen.

»Aber morgen machst du den nicht, oder?«, fragte Schmirgelchen mit zittriger Stimme.

»Schauen wir mal«, sagte Hüfchen.

So kam es, dass auch einer der vier Kumpel der Weihnachtsreise mit einem unguten Gefühl entgegensah – und wie die Reise losging, ob jetzt mit oder ohne den Weihnachtsmann mit seinem Hexenschuss, das hören wir morgen.

Das elfte Kapitel,
in dem die Weihnachtsreise losgeht und man sich im Weihnachtsdorf die größten Sorgen macht

Der Weihnachtsmann versuchte wirklich, zum Schlitten zu kommen, und er schaffte es sogar aus dem Bett. Aber dann wollte er das Oberteil seines Schlafanzugs aufknöpfen, und da war Schluss. Der oberste Knopf wollte nicht durchs Knopfloch, und als der ungeduldige Weihnachtsmann es mit Gewalt versuchte, fuhr es ihm so fies in den Rücken, dass ihn seine Frau genau so, wie er dastand, ins Bett zurückbringen musste: mit beiden Händen an dem verflixten obersten Schlafanzugknopf. Nicht mal frühstücken konnte der Weihnachtsmann, weil es bis zum Mittagessen dauerte, bis er wieder die Arme bewegen konnte.

Also nein, der Weihnachtsmann konnte nicht mit auf die Weihnachtsreise. Trotzdem ging draußen vor dem Hangar alles seinen gewohnten Gang. Der Schlitten wurde beladen, und alle stöhnten, weil es seit dem letzten Jahr noch einmal mehr Geschenke für die Menschen-

kinder geworden waren. Schon da hatte man höllisch aufpassen müssen, dass auch alles sicher verstaut war und nichts herunterfallen konnte, aber jetzt würde auch noch Hüfchen den Schlitten fliegen, und wie gefährlich *das* war, hatte man gestern gesehen.

»Fertig!«, verkündete Gürtchen, der Packwichtel, der schon viele Jahre dafür zuständig war, dass die Festschnallgurte um die Päckchen herum stramm genug saßen. Er war ein Meister seines Fachs, und trotzdem hatte er, als er vom Schlitten kletterte, tiefe Falten auf der Stirn.

»Wenn das mal nicht danebengeht …«, hörten ihn diejenigen murmeln, die nah genug beim Schlitten standen. Es war genau das, was alle dachten.

Oder klar: alle außer Schnürchen und seine Kumpel. Die sahen so zufrieden aus, als wären all die vielen Geschenke auf dem Schlitten für sie selbst. Am liebsten wären sie wohl auch gleich losgeflogen, aber erst gab es noch Mittagessen für alle in der Weihnachtskantine: dicke gelbe Erbsensuppe. So war es jedes Jahr, nur dass dieses Jahr der Weihnachtsmann nicht dabei sein konnte. Ihm brachte seine Frau einen Teller Suppe ans Bett, und als er wissen wollte, wie es mit den Reisevorbereitungen stünde, sagte sie: »Gut so weit.«

»Da siehst du's!«, sagte der Weihnachtsmann, und

seine Frau beließ es dabei. Man würde ja sehen, wie alles ausging und wer am Ende recht behielt.

Nach der Suppe war es wirklich Zeit loszufliegen. Die Reise des Weihnachtsmanns beginnt ja hoch im Norden, wo es im Dezember immer dunkel bleibt, und führt dann immer weiter nach Süden und in all die Länder, wo es erst später am Tag allmählich Abend wird und Nacht. So kommt der Weihnachtsmann überall, wo er Geschenke bringt, im Dunkeln und trotzdem noch früh genug für die Bescherung. Dass auch Schnürchen und seine Kumpel es früh genug schafften, konnte man nur hoffen.

Die vier selbst schienen sich da sicher zu sein. Festen Schrittes gingen sie von der Kantine zum Hangar, und ohne zu zögern, kletterten sie auf den Schlitten: Hüfchen und Schmirgelchen wieder auf die Sitzbank, Süppchen und Schnürchen bis nach weit oben auf die turmhoch gestapelten Päckchen.

»Gut festhalten!«, rief Hüfchen, dann zog er die Zügel straff und schnalzte mit der Zunge.

WUSCHHH! machte es, als die Rentiere losjagten, genau wie gestern beim Probeflug. Und wieder stand unten das ganze Weihnachtsdorf, nur war heute allen noch viel banger als am Tag zuvor. Aber oh Wunder, diesmal schien alles gut zu gehen. Der Schlitten flog nicht zu steil nach oben, erreichte bald die richtige Reisehöhe und zog davon, als würde er vom erfahrensten Piloten der Welt gelenkt.

WUSCHHH! machte es auch beim zweiten Schlitten, der schon im Hangar bereitgestanden hatte. Hier saß nur Schräubchen, die Pilotin, vorne auf der Sitzbank, Pflästerchen und ITchen saßen mit den Mädchen hinter ihr im leeren Schlitten. Rasch waren auch sie über die Wipfel des Weihnachtswaldes aufgestiegen und sahen weit vor sich den Schlitten mit den Päckchen.

»Das hätten wir«, sagte Schräubchen, und genau da fing es an zu schneien, ganz plötzlich und mit so eisigen

Flocken, dass alle Wichtelinnen gleichzeitig die Augen zusammenkniffen.

Genau dasselbe machten auch die vier im anderen Schlitten, wo Schnürchen und Süppchen oben auf den Päckchen schon den ersten Festschnallgurt lockerten, damit sie beim ersten Halt nicht lange fummeln mussten. Was sie mit geschlossenen Augen nicht merkten, war, dass ihnen dabei eins der Päckchen vom Schlitten fiel. Es war lang und schmal, und hätten es die Wichtelinnen im Schlitten dahinter gesehen, hätten sie es auffangen oder unten von der Erde auflesen können.

Aber als Schräubchen und die anderen die Augen wieder öffneten, freuten sie sich nur, dass es wieder einmal wunderbar weiße Weihnachten geben würde. Hätten sie von dem verlorenen Päckchen gewusst, wäre ihnen die Freude vergangen. Dass gleich das erste Päckchen verloren ging, war nämlich richtig, richtig dumm – und warum, das hören wir morgen.

Das zwölfte Kapitel, in dem vier Nasenbären ihren ersten Fehler machen

Richtig, richtig dumm war das mit dem verlorenen Päckchen, weil die Geschenke ganz genau sortiert waren. Es gab da ja das Navi im Schlitten, in dem die Adressen der Menschenkinder und alle ihre Geschenke in der richtigen Reihenfolge gespeichert waren. Es begann mit Kindern, die Kaisa und Jussi und Malin und Per-Olof hießen, dann kamen die Maries und Maximilians und immer so weiter in den Süden und um die ganze Welt. Zu all den Kindern mussten Schnürchen und seine Kumpel hin, und weil die Päckchen mit den Geschenken in genau der richtigen Reihenfolge auf den Schlitten gepackt waren, musste man beim Abladen nicht lange suchen. Dazu waren die Päckchen mit dickem Wichtelstift nummeriert, was zwar nicht besonders schön aussah, aber auch nicht schlimm war, weil Wichtelstift für Menschenkinderaugen unsichtbar ist.

So war das mit den Päckchen, und das erste Menschenkind, bei dem Hüfchen den Schlitten landete, war das Mädchen Kaisa, das mit Nachnamen Kettunen hieß und sich ein tolles neues Snowboard gewünscht hatte. So stand es auch hinter ihrem Namen, aber da schauten Schnürchen und seine dusseligen Kumpel nicht hin, sonst wäre vielleicht sogar ihnen aufgefallen, dass das Päckchen, das sie abluden und unter den Weihnachtsbaum legten, nicht nur die falsche Nummer hatte, sondern auch rund und dick wie eine Trommel aussah. Weil es auch eine Trommel war! Die hatte sich allerdings das Kind gewünscht, das als Nächstes auf der Liste stand.

So fing es an, und so ging es weiter. Das große Glück war nur, dass ITchen das Navi im zweiten Schlitten ja genauso programmiert hatte wie das im ersten. Und weil die Wichtelinnen gleich bei der ersten Adresse einmal nachschauen wollten, wie Schnürchen und seine Kumpel sich anstellten, merkten sie, dass mit Kaisas Geschenk was nicht stimmen konnte. Die Kerzen am Weihnachtsbaum der Kettunens brannten schon, und Näschen war mit ITchens Hilfe aufs Fensterbrett des Wohnzimmers geklettert.

»Da liegt was Großes, aber das ist nie im Leben ein Snowboard!«, sagte sie.

»Wie sieht's denn aus?«, fragte ITchen.

»Wie eine Trommel«, sagte Näschen, und da wussten sie Bescheid.

»Ach du nadeliger Tannenbaum!«, stöhnte Schräubchen, die auf dem Schlitten sitzen geblieben war und in die Liste schaute. »Die Nasenbären haben mit dem *ersten* Kind und dem *zweiten* Geschenk angefangen.«

Und jetzt? Jetzt beschlossen die Wichtelinnen, schön vorsichtig hinter dem ersten Schlitten herzufliegen und alles wieder in Ordnung zu bringen.

»Und Kaisa?«, fragte Selma, als sie die Trommel aus dem Haus geholt hatten und wieder alle zusammen im Schlitten saßen.

»Die kriegt dann ja gar nichts«, sagte Wilma.

»Doch«, sagte Pflästerchen. »Das Snowboard muss ja noch irgendwo auf dem Schlitten sein.«

»Oder sie haben es verloren«, sagte Näschen.

»Dann suchen wir es auf dem Heimweg«, sagte ITchen entschlossen.

Und WUSCHHH! waren sie davon. Aber kaum waren sie über die Dächer des kleinen Dorfes, in dem Kaisa wohnte, aufgestiegen, ging der erste Schlitten auch schon wieder in den Sinkflug über.

»Was bringen sie eigentlich dem Kind, das die Trommel bekommen soll, Falsches?«, fragte Näschen.

»Einen neuen Sattel für sein Pony und gefütterte rosa Gummistiefel«, antwortete Schräubchen.

»Ist es denn ein Mädchen?«, fragte Selma.

»Nein, ein Junge namens Jussi«, antwortete Schräubchen.

»Na, der würde sich freuen!«, sagte Wilma.

Aber Jussi, der nur ein Dorf weiter wohnte, hatte ja Glück und bekam seine Trommel. Und überhaupt war das Hinterherräumen hinter den vier Nasenbären gar nicht so schwer. Man musste die falschen Geschenke ja immer nur unter den Weihnachtsbäumen wegholen und zur nächsten Adresse weitertransportieren.

Eine ganze Weile ging das so, und im zweiten Schlitten wunderten sie sich schon, dass sonst gar nichts schiefging. Nur der Schnee fiel immer dichter, und sie mussten aufpassen, dass sie dem vorderen Schlitten nicht zu nah auf die Pelle rückten. Merken sollten Schnürchen und seine Kumpel ja nichts. Sollten sie ruhig denken, dass sie alles richtig machten! Die Wichtelinnen wussten es ja besser. Und wenn's drauf ankam, konnten sie sogar beweisen, wie es wirklich war. Näschen hatte ihre Mama nämlich gefragt, ob sie unterwegs ein paar Fotos oder Filmchen mit dem Handy machen dürfe, und ihre Mama hatte Ja gesagt, nur bitte nicht dauernd und auch nur für

sie, also Näschen, selber. Fotos oder Filmchen von der Weihnachtsreise irgendwohin zu schicken, sei verboten.

Bisher hatte Näschen nur ein witziges Vorher-Nachher-Foto von den Geschenken unterm Weihnachtsbaum der Kettunens gemacht, aber bald passierte was dermaßen Doofes, dass sie davon ein Filmchen machte – und *was* da Doofes passierte, das hören wir morgen.

Das dreizehnte Kapitel, in dem eine extrahohe Wichtelmütze eine wichtige Rolle spielt

Das Doofe passierte im vorderen Schlitten und hatte damit zu tun, dass inzwischen ein schlimmes Schneetreiben eingesetzt hatte. Wichtelmützen halten so was ja aus und müssen nur gut festsitzen, aber sie flattern natürlich auch heftig im Wind. Und ganz besonders flatterte die von Süppchen, was daher kam, dass er bei der Arbeit diese besonders hohe Wichtelkochhaube trug. Die trug er heute zwar nicht, aber er hatte sich so sehr an besonders hohe Kopfbedeckungen gewöhnt, dass auch seine Zipfelmützen höher waren als normal, auch die extrawarme, die er für die Weihnachtsreise aufgesetzt hatte. Unten auf der Erde hätte er die einfach festhalten oder ab und zu tiefer in die Stirn ziehen können, aber hoch oben auf den Päckchen und bei dem Tempo, in dem der Schlitten dahinsauste, brauchte er beide Hände, um sich selbst festzuhalten, sonst hätte es ihn davongeweht.

Süppchen wehte es zum Glück nicht davon. Aber seine Mütze! Wuschhh! war sie weg, und als Süppchen sich nach ihr umschaute, war sie schon im Schneeflockenwirbel verschwunden.

»OH MIST!«, schrie Süppchen so laut, dass man es bis zum zweiten Schlitten hörte.

»Waff wa daff denn?«, fragte Schräubchen.

»Was war das denn?« sollte das heißen, aber als sie den Mund aufmachte, war ihr Süppchens Mütze ins Gesicht geflogen, ein kaltes, nasses Etwas, das sie schnell packte und nach hinten reichte.

»Es ist eine Mütze!«, sagte Pflästerchen.

»Sie gehört Süppchen!«, sagte ITchen, als sie sah, wie lang die Mütze war.

»Das gibt einen sauberen Schnupfen«, stellte Pflästerchen fest.

Das stimmte, und natürlich wusste das auch Süppchen. Als Koch brauchte er seine Nase aber zum Riechen. Darum bestand er darauf, dass sie sofort kehrtmachten und landeten und nach seiner Mütze suchten.

»Vergiss es!«, sagte Schnürchen. »So viel Zeit haben wir nicht.«

»Aber sicher doch«, sagte Hüfchen, der vor Stolz, dass sie so zügig vorwärtskamen, beinahe platzte. »Das bisschen holen wir spielend wieder auf.«

Dann flog er auch schon eine Schleife, und Schräubchen im zweiten Schlitten bemerkte es gerade noch rechtzeitig, um ungesehen seitlich davonzupreschen.

»Puh, das war knapp!«, sagte Näschen, als sie wieder weit genug vom anderen Schlitten entfernt waren.

»Die suchen die Mütze, stimmt's?«, fragte Selma.

»Und jetzt?«, fragte Wilma.

»Jetzt sorgen wir dafür, dass sie das gute Stück finden und nicht unnötig Zeit verbummeln«, sagte Schräubchen und flog wieder hinter dem anderen Schlitten her.

Nicht lange, dann setzte Hüfchen zur Landung an, und als er unten angehalten hatte, flog Schräubchen oben so langsam im Kreis, dass Näschen sogar filmen konnte, wie die vier Kumpel vom Schlitten kletterten und mit gesenkten Köpfen durch den frisch gefallenen Schnee stapften.

»Kriegst du bei dem Schneegestöber überhaupt was drauf?«, fragte ITchen.

»Schon«, sagte Näschen. »Und Süppchen kann man sogar erkennen.«

Dann warf ITchen die Mütze ab, und als wäre es Absicht, fiel sie Süppchen direkt auf den Kopf. Klar schaute er gleich nach oben, aber da war Schräubchen schon davongejagt.

»Das gibt's doch nicht!«, sagte Süppchen und setzte die Mütze auf.

»Was gibt's nicht?«, fragte Schnürchen.

Dann sah er die Mütze auf Süppchens Kopf, und Hüfchen und Schmirgelchen sahen sie auch.

»Es ist von da oben gekommen«, sagte Süppchen und zeigte in die Luft.

»Na und?«, fragte Hüfchen. »Dann hat der Wind damit gespielt. Das macht er schon mal – übrigens auch mit Schlitten, wenn sie nicht von Spitzenpiloten geflogen werden!«

Mit diesen Worten bestieg Hüfchen, der Rentierpfleger, der so gern ein Spitzenpilot gewesen wäre, wieder den Schlitten, und seine Kumpel folgten ihm. War also alles gut und ging genauso gut weiter? Ja und nein: Ja, Süppchen hatte seine Mütze zurück und bekam keinen Schnupfen. Und nein, es ging nicht genauso gut weiter, sondern erst mal besser – und wieso, das hören wir morgen.

Das vierzehnte Kapitel, in dem die Päckchen fliegen

Wieso es erst mal besser weiterging? Weil Hüfchen eine Adresse ausließ, darum. Er und seine Kumpel merkten es gar nicht, aber die Wichtelinnen, die sich wunderten, dass der erste Schlitten, ohne anzuhalten, über das Haus wegflog, in dem ein Mädchen namens Mette wohnte, das sich ein neues Handy und ein Buch über Eisbären gewünscht hatte, weil es die so gern mochte. Die beiden Päckchen lagen im zweiten Schlitten, und eigentlich wollten die Wichtelinnen sie gegen die Schlittschuhe und den Hockeyschläger austauschen, die gleich unter Mettes Weihnachtsbaum landen würden, obwohl sie für einen gewissen Hakan im Nachbardorf vorgesehen waren.

Aber wenn Hüfchen jetzt gar nicht bei Mette anhielt? Dann landeten dort ja auch keine falschen Geschenke! Dann brauchten die Wichtelinnen nur das Handy und das Eisbärenbuch abzuladen, und wenn Hüfchen nicht gleich wieder eine Adresse verpasste, bekam der gute

Hakan genau die Schlittschuhe und den Hockeyschläger, die er sich gewünscht hatte! Also war alles gut! Oder *erst mal* alles gut, weil man ja nicht wusste, wie es weiterging.

»Los, Beeilung!«, sagte Schräubchen, als sie den Schlitten sanft hinter dem Haus von Mettes Familie landete.

Aber die Geschenke waren ja klein, und so waren die Wichtelmädchen, die sie zusammen nach drinnen brachten und unter den Weihnachtsbaum legten, im Nu zurück.

WUSCHHH! war der Schlitten wieder in der Luft, und alle starrten nach vorne, ob Hüfchen jetzt wohl bei diesem Hakan im Nachbardorf landete oder nicht.

»Kannst du was sehen?«, rief Näschen nach vorne.

»Nein!«, rief Schräubchen zurück. »Oder doch! – Oh bitte nein!«

Da sahen es die anderen auch: Hüfchen landete *nicht*. Im Gegenteil: Er zog den Schlitten steil nach oben.

»Das ist jetzt nicht wahr, oder?«, sagte ITchen.

»Doch«, sagte Pflästerchen. »Der fliegt wieder seinen Looping.«

Und Pflästerchen hatte recht: Hüfchen wollte auch auf der Weihnachtsreise zeigen, was er konnte.

»YIPPIEHHH!«, hörten die Wichtelinnen ihn jubeln.

Von seinen Kumpeln hörten sie nichts. Nur pfeifen und heulen hörten sie es, kaum dass Hüfchens fröhliches

»YIPPIEHHH!« verklungen war. Es war das Pfeifen und Heulen, mit dem der hoch beladene Weihnachtsschlitten in die Tiefe sauste.

Die Wichtelinnen waren starr vor Schreck, denn dass Hüfchen rechtzeitig die Kurve nach oben bekam, konnten sie sich nicht vorstellen. Und er bekam die Kurve auch nicht, sonst hätte der Schlitten mit den vier größten Dusseln im ganzen Weihnachtsdorf ja irgendwann wieder auftauchen müssen.

Der Schlitten tauchte aber *nicht* wieder auf, und als das Pfeifen und Heulen verstummte, begann unten auf der Erde ein Gerumpel, dass den Wichtelinnen oben in der Höhe angst und bange wurde.

Dann war es so still, dass man die Schneeflocken fallen hörte, und Schräubchen sagte leise:

»Wenigstens war es keine Bruchlandung. Die hätte sich anders angehört.«

Danach starrten alle nach unten, und Schräubchen brauchte gar nicht viel tiefer zu fliegen, dann sahen sie es: die Rentiere, die mucksmäuschenstill auf der Stelle standen; den höchstens noch halb beladenen Schlitten, dessen vorderes Ende sich tief in den Schnee gebohrt hatte; die wilde Kufenspur, an der man ablesen konnte, wie rumpelig die Landung gewesen war; schließlich überall in und

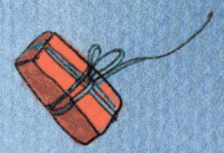

neben der wilden Kufenspur Päckchen. All das sahen die Wichtelinnen. Nur die vier Wichtel, die doch dazugehört hätten, sahen sie nicht.

»Hoffentlich liegen sie nicht unterm Schlitten!«, sagte Pflästerchen.

»Geh mal noch ein Stück runter!«, sagte ITchen.

»Sowieso«, antwortete Schräubchen, und nicht lange, dann rief Näschen: »Ich seh sie!«

»Ich auch!«, rief Selma.

»Aber nur die Stiefel!«, rief Wilma.

Das stimmte – und wie es kam, dass man von den vier Wichteln nur die Stiefel sah, das hören wir morgen.

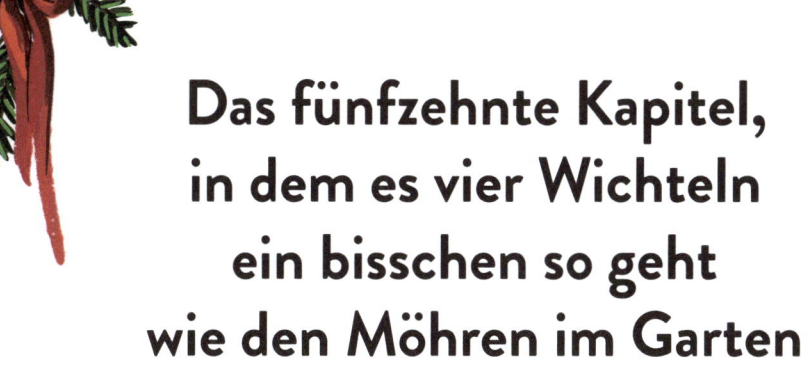

Das fünfzehnte Kapitel, in dem es vier Wichteln ein bisschen so geht wie den Möhren im Garten

Von den vier Wichteln sah man deshalb nur die Stiefel, weil sie kopfüber im Schnee steckten. Noch ein ganzes Stück vor den Rentieren war das, und bis dahin konnten sie nur gekommen sein, wenn sie bei der rumpeligen Landung vom Schlitten gesegelt waren. Jetzt strampelten sie mit den Beinen, aber davon schienen sie nur noch tiefer im Schnee zu versinken.

»Allein kommen die da nicht raus«, stellte Schräubchen fest.

»Jedenfalls nicht so schnell«, sagte Pflästerchen.

»Und jetzt?«, fragte ITchen.

Das war die große Frage. Vielleicht schafften es die vier irgendwann,

sich freizustrampeln. Oder die Rentiere waren so nett, sie mit den Hufen auszugraben. Aber dafür war ja nun keine Zeit. Nicht auf der Weihnachtsreise! Die musste weitergehen, und deshalb beschlossen die Wichtelinnen zu helfen.

»Verdient haben es die Flitzpiepen nicht!«, seufzte Schräubchen, während sie zur Landung ansetzte.

Und hinten im Schlitten seufzten alle gleichzeitig: »Wohl wahr!«

Als sie dann gelandet und bei den strampelnden Stiefeln angekommen waren, packte jede der drei Wichtelmamas zwei davon, und Selma und Wilma packten jede einen. Für Näschen war keiner mehr übrig, aber das war ihr nur recht, denn so hatte sie die Hände frei fürs Handy.

»Moment noch!«, sagte Schräubchen, bevor sie zu ziehen begannen. Und dann mit Flüsterstimme: »Macht's euch was aus, das Reden mir zu überlassen?«

»Nein, gar nicht«, flüsterten die anderen zurück, dann gab Schräubchen das Kommando.

»HAUUU …«, sagte sie, und alle an den Stiefeln spannten die Muskeln an, »… RUCK!«

Die Wichtelinnen dachten, sie müssten sich ordentlich anstrengen, aber dann ging es so kinderleicht, als wäre es Sommer und sie zögen im Garten Möhren aus der Erde.

Nur dass Möhren sich hinterher nicht die Mützen zurechtzupfen, die Augen ausreiben und Schneewölkchen spucken. Das machten die vier Wichtel nämlich, und als sie wieder sehen konnten, starrten sie ihre Retterinnen an, als wären es Gespenster, die sie aus dem Schnee gezogen hatten. Aber natürlich wussten sie, wer da vor ihnen stand. Darum fragten sie nur, Schneewölkchen spuckend:

»Was … pft!«

»… macht … pft!«

»… ihr denn … pft!«

»… hier … pft!?«

»Och«, sagte Schräubchen. »Die anderen Rentiere waren traurig, dass sie zu Hause bleiben mussten, da haben wir sie ein bisschen spazieren geflogen. – Und ihr so?«

»Wir … äh … pft! …«, begann Hüfchen, den seine Kumpel anschauten, als sollte derjenige, der alles vermasselt hatte, gefälligst auch erklären, was passiert war. »Wir haben … äh … kurz Pause gemacht.«

Seine drei Kumpel schauten erst überrascht, aber dann nickten sie umso heftiger.

»Mit den Köpfen im Schnee?«, fragte Schräubchen.

Es war echt eine fiese Frage, und eigentlich hätten die vier jetzt alles zugeben müssen. Das machten sie aber nicht. Stattdessen gab Hüfchen eine Antwort, über die man im Weihnachtsdorf heute noch lacht – und was das für eine Antwort war, das hören wir morgen.

Das sechzehnte Kapitel, in dem keine Päckchen, aber Schneebälle fliegen

»Die mussten wir abkühlen, weil sie uns so geraucht haben.«

Das war Hüfchens Antwort auf Schräubchens Frage, wieso er und seine Kumpel ihre Pause mit den Köpfen im Schnee gemacht hätten. Schräubchen war bestimmt nicht auf den Mund gefallen, aber das war jetzt so dämlich, dass sie erst nur ein verdutztes »Aha?!« herausbrachte.

»Weil die Adressen immer genau zu den Geschenken passen müssen, weißt du«, sagte Schmirgelchen mit wichtiger Miene.

»Das ist wie bei neuen Rezepten«, sagte Süppchen mit genauso wichtiger Miene. »Da raucht einem manchmal auch ganz schön der Kopf.«

»Aber es läuft alles wie am Schnürchen«, versicherte Schnürchen.

Es wurde immer dämlicher, aber Schräubchen hatte

sich jetzt gefangen, und die anderen Wichtelinnen wunderten sich nur, dass sie zu dem Quatsch, den sie sich anhören musste, auch noch nett lächelte.

»Und die Päckchen?«, fragte sie jetzt. »Müssen die auch abkühlen?«

Dabei zeigte sie, weiter nett lächelnd, nach hinten, wo die verstreuten Päckchen schon halb zugeschneit waren. Da sahen die vier überhaupt erst, was sie angerichtet hatten. Aber zugeben wollten sie es immer noch nicht.

»Die müssen beim Aufladen durcheinandergekommen sein«, behauptete Hüfchen.

»Darum mussten wir sie wieder abladen«, erklärte Schmirgelchen.

»Um sie neu zu sortieren«, erklärte Süppchen.

»Aber kein Problem, das läuft wie am Schnürchen«, versicherte Schnürchen.

»Na, dann haben wir uns wohl unnötig Sorgen gemacht«, sagte Schräubchen immer noch mit dem netten Lächeln, und nun war es gut, dass die anderen Wichtelinnen versprochen hatten, ihr das Reden zu überlassen. Denn warum Schräubchen so tat, als glaubte sie den Quatsch, den die vier erzählten, war ihnen ein Rätsel.

Aber die vier selbst waren natürlich froh.

»Aber so was von unnötig!«, sagte Hüfchen. »Wir wollten gerade zum Schlitten zurück, als ihr uns plötzlich an den Stiefeln gezogen habt.«

»Trotzdem danke!«, sagte Schmirgelchen.

»Es zählt die gute Absicht, sagen wir in der Küche, wenn jemand die Suppe versalzt«, lachte Süppchen.

So, und jetzt hätten sich die vier eigentlich an die Arbeit machen können, denn die Päckchen mussten ja wirklich neu sortiert und auf den Schlitten zurückgeschafft werden. Nur leider musste der Oberpackwichtel Schnürchen erst noch etwas klarstellen.

»Und siehst du, das ist der Unterschied zwischen Küche und Packerei«, sagte er zu Süppchen. »*Wir* können uns solche Schlampereien gar nicht erst erlauben.«

»Hä? Seit wann benutzt ihr denn zum Packen Salz?«, fragte Süppchen.

»Wie? Was?«, fragte Schnürchen.

»Seit wann ihr zum Packen Salz benutzt«, sagte Süppchen.

»Machen wir doch gar nicht«, sagte Schnürchen.

»Und warum sagst du's dann?«, fragte Süppchen.

»Wer? Ich?«, fragte Schnürchen, und da verlor Süppchen die Nerven.

»Ja, wer denn sonst, du Packnase?!«, brüllte er.

»Hast du Packnase gesagt, du Kochtöffel?!«, brüllte Schnürchen zurück.

»Kochtöffel?! – Ich geb dir gleich Kochtöffel!«

Die zwei zofften sich mitten auf der Weihnachtsreise, und wären Hüfchen und Schmirgelchen schlau gewesen, hätten sie ihre Kumpel beruhigt. Sie waren aber nicht schlau und zofften sich sogar noch mit. Hüfchen half Schnürchen, und Schmirgelchen half Süppchen, und als Schmirgelchen Hüfchen einen Bruchpiloten nannte, flog der erste Schneeball.

KLATSCH! hatte ihn Süppchen im Gesicht, weil Schmirgelchen sich rechtzeitig duckte.

Und KLATSCH! traf der zweite Schnürchen, obwohl er Hüfchen gegolten hatte.

Unglaublich, aber die Dussel fingen tatsächlich eine Schneeballschlacht an.

Und die Wichtelinnen, was machten die? – Die brachten sich schnell in ihrem Schlitten in Sicherheit und mussten sich überlegen, wie es weitergehen sollte. Oder war das schon das Ende der Weihnachtsreise? Eine Schneeballschlacht wegen nichts und wieder nichts? Das durfte einfach nicht sein! Dagegen musste man doch was tun können!

So dachten die Wichtelinnen, während sie über den Rand ihres Schlittens hinweg die dämlichste Schneeballschlacht aller Zeiten verfolgten – und ob die wirklich das Ende der Weihnachtsreise war, das hören wir morgen.

Das siebzehnte Kapitel, in dem immer noch Schneebälle fliegen

Zu jeder anderen Zeit hätten sich die Wichtelinnen über den dämlichen Zoff der vier Dussel schlapp gelacht. Aber jetzt saßen sie hinten in ihrem Schlitten, duckten sich, wenn ein verirrter Schneeball über sie hinwegflog, und schüttelten die Köpfe. Eine Schneeballschlacht auf der Weihnachtsreise – es war wirklich nicht zu fassen!

»Vielleicht hätten wir ihnen helfen sollen«, sagte Näschen.

»Wenigstens die Päckchen wieder aufladen«, sagte Selma.

»Dann wären die auch richtig sortiert«, sagte Wilma.

»Ich glaube, die Mädchen haben recht«, sagte ITchen, und Pflästerchen nickte.

Aber Schräubchen nickte nicht. Sie seufzte nur: »Ach Kinder, das war doch genau meine Idee!«, und jetzt musste sie natürlich erklären, was sie damit meinte. Sie zeigte auf den halb leeren Schlitten und die dahinter ver-

streuten Päckchen und sagte: »Nach dem Schlamassel hier war ja endgültig klar, dass sie es allein nicht schaffen. Aber ich dachte, bevor wir uns mit ihnen streiten und sie bockig werden, stellen wir uns erst mal dumm und lassen sie machen …«

Jetzt wussten die anderen Wichtelinnen auch, warum Schräubchen bei den dämlichen Ausreden der vier immer nur nett gelächelt hatte.

»Und was dachtest du, *was* sie machen?«, fragte ITchen.

»Erst die Päckchen falsch aufladen und dann den Start versemmeln«, antwortete Schräubchen. »Den in den Schnee gebohrten Schlitten kriegt Hüfchen nie im Leben in die Luft.«

»Verstehe«, sagte ITchen. »Sie sollten nicht mehr weiterwissen, weil sie sich dann helfen lassen *müssen.*«

»Genau«, sagte Schräubchen und nickte, und das war ihr Glück, denn genau als sie den Kopf nach unten bewegte, flog ein verirrter Schneeball haarscharf über sie hinweg.

»Und jetzt?«, fragte Näschen.

»Jetzt bräuchte es erst mal jemanden, der denen die Schneebälle wegnimmt«, sagte Pflästerchen, und diesmal nickten alle, und das war ein noch viel größeres Glück als

zuvor bei Schräubchen, denn auf einmal kam ein ganzer Schneeballhagel angeflogen.

Von da an behielten die Wichtelinnen die Köpfe lieber unten und konnten die Streithanseln nur noch hören.

»ERGEBT EUCH!«, hörten sie Schnürchen rufen.

»NIEMALS!«, rief Süppchen zurück.

»NIEMALS!«, rief auch Schmirgelchen.

»DANN NEHMT DEN UND DEN UND DEN!«, rief Hüfchen.

»UND DEN UND DEN UND DEN!«, rief Schnürchen.

Bei jedem »DEN« flog ein Schneeball über die Wichtelinnen hinweg, und wenn keine über sie hinwegflogen, kam das »NEHMT DEN UND DEN UND DEN!« von Süppchen und Schmirgelchen, die ihre Schneebälle in die andere Richtung warfen. Treffer landeten sie nämlich alle keine mehr.

Lange ging das so, dann war es auf einmal still. So still, dass die Wichtelinnen wieder die Köpfe hoben und vorsichtig über den Schlittenrand schauten. War die Schneeballschlacht etwa zu Ende?

Nein. Oder eigentlich doch: Die Streithanseln wollten zwar immer noch keine Ruhe geben, aber sie waren am Ende ihrer Kräfte. Nicht mal mehr richtige Schneebälle konnten sie machen. Sie bückten sich noch nach Schnee, aber was sie dann mit klammen Fingern zusammenpatschten und mit müden Armen nach den Gegnern warfen, flog keinen Meter weit, bis es zu harmlosem weißen Pulver zerstob. Ganz klar, die Schneeballschlacht ging unentschieden aus, das sah man auch an den genau gleich großen Beulen, die auf den Stirnen der Streithanseln gewachsen waren, bei Hüfchen und Schnürchen mehr auf der linken und bei Schmirgelchen und Süppchen mehr auf der rechten Seite.

»ERGEBT IHR EUCH ENDLICH?«, fragte Schnürchen mit schwacher Stimme.

»NIEMALS!«, antwortete Süppchen mit genauso schwacher Stimme.

Dann war es aus. Sie ließen alle vier die Arme sinken, und es gab nur noch ein leises Pfoff!, als sie sich erschöpft auf ihre Wichtelpos setzten.

Die Wichtelinnen zögerten keine Sekunde. Vielleicht brauchten sie ja gar nicht zu warten, bis Hüfchen den Start versemmelte. Vielleicht ließen sich die vier ja vor Erschöpfung helfen!

»Los, wir probieren's!«, sagte Schräubchen, und sie sprangen aus dem Schlitten.

Es schneite immer noch, und im hohen Schnee sah man von den vier auf dem Po sitzenden Wichteln gerade mal die Spitze von Süppchens hohem Mützenzipfel. Auf den stapften die Wichtelinnen jetzt zu, Schräubchen voran und die anderen in ihrer Spur. Die Letzten waren die drei Mädchen, und ungefähr auf halber Strecke sagte Selma:

»Komisch, dass die uns nicht hören!«

»Vielleicht hören sie uns ja und sind nur zu müde, um aufzustehen«, antwortete Wilma.

»Wahrscheinlich«, sagte Näschen.

Aber Selma hatte recht – und wie es genau war, das hören wir morgen.

Das achtzehnte Kapitel, in dem vier Schlafmützen wenigstens keinen Quatsch verzapfen können

Manchmal, wenn man was Wichtiges zu sagen hat, hat man es schrecklich eilig, und so war es auch bei Schräubchen, als sie durch den tiefen Schnee auf die vier müde gewordenen Streithanseln zustapfte. Sie war noch ein paar Schritte von ihnen entfernt, da rief sie schon:

»Hört zu, wir machen euch einen Vorsch…!«

Sie war mitten im Wort, als sie etwas sah, was sie erst gar nicht glauben konnte: Die vier schliefen! Tief und fest und mit halb geöffneten Mündern! Schräubchen stand wie angewurzelt und zeigte mit den Fingern auf die Schläfer.

»Da!«, sagte sie, dabei hatten es die anderen längst auch gesehen.

»Das gibt's doch nicht!«, sagte ITchen.

Aber das gab es eben doch. Sie sahen es ja. Die vier Wichtel, die den Menschenkindern dieses Jahr die Weihnachtsgeschenke bringen sollten, saßen im Schnee und schliefen. Wenn man die Ohren spitzte, hörte man sie sogar leise schnarchen!

»Und jetzt?«, fragte Näschen.

»Jetzt ...«, sagte Schräubchen und schaute erst auf die vier Schläfer und dann auf die Bescherung mit dem festsitzenden Schlitten und den überall verstreuten Päckchen. »Jetzt laden wir erst mal alles wieder auf.«

»Du willst sie nicht wecken?«, fragte ITchen.

»Damit sie alles durcheinanderbringen?«, fragte Schräubchen zurück.

»Sie hat recht«, sagte Pflästerchen. »So können die Schlafmützen wenigstens keinen Quatsch verzapfen.«

»Eben«, sagte Schräubchen. »Wir wecken sie, wenn alles ordentlich aufgeladen ist, und wenn sie sich ausgeschlafen nicht helfen lassen wollen, warten wir die paar Minuten, bis Hüfchen – na, ihr wisst schon.«

Klar wussten sie, was Schräubchen meinte, und machten sich an die Arbeit.

Aber puh, war das schwer! Inzwischen waren die Päckchen nämlich so dick eingeschneit, dass man sie ausbuddeln musste. Und noch dazu waren manchmal die Nummern verwischt. Wie leicht konnte man da eine 6 oder 9 mit einer 8 verwechseln! Oder eine 4 mit einer 7! Sie mussten unbedingt in der Packerei Bescheid sagen, dass man dort in Zukunft wasserfesten Wichtelstift benutzen sollte.

Die Päckchen ausbuddeln, verwischte Nummern entziffern und vorsichtig mit dem Finger nachziehen, damit man sie wieder lesen konnte, alles auf den Schlitten laden und wieder ordentlich verstauen – es war wirklich nicht leicht.

»Gut, dass uns die Schnarchnasen nicht im Weg sind, aber eine Plackerei ist es trotzdem!«, stöhnte ITchen, die oben auf dem Schlitten stand und die Päckchen verstaute.

»Kann man wohl sagen!«, stöhnte Pflästerchen, die ITchen gerade ein besonders schweres Päckchen hinaufreichte.

Auch Schräubchen und die Mädchen hörte man öfter stöhnen oder sogar schimpfen, wenn ihnen wieder mal ein Päckchen aus den klammen Fingern rutschte. Und es sollte auch noch alles schnell gehen, verflixt!

Aber die Wichtelinnen schafften es, und nicht lange, da fragte ITchen, die beim Verstauen immer höher klettern musste, ob sie's nicht bald hätten.

»Mit dem hier sind's noch … warte! … vier Päckchen«, antwortete Schräubchen.

»Nein, fünf!«, rief von ganz am Anfang der wilden Kufenspur Näschen. »Da ist noch eins!«

»Groß oder klein?«, fragte ITchen.

»Winzig«, antwortete Näschen und hielt es hoch. »Die Nummer kann man nicht mehr lesen, aber da ist ein klitzekleiner Tannenzapfenradierer drin.«

»Und woher weißt du das?«, fragte Selma.

»Man kann's ertasten, und ich hab gehört, wie Schnürchen dem Weihnachtsmann erzählt hat, was es dieses Jahr für Radierer gibt«, erklärte ihr Näschen.

»Wenn der irgendwo fehlt, merken sie's vielleicht gar nicht«, sagte Wilma. »Ich meine, weil sich ja wohl kein Kind nur einen Radierer wünscht.«

Da hatte sie bestimmt recht, aber wenn sie von jetzt an dabei waren, konnten sie ja trotzdem aufpassen, ob er irgendwo fehlte. So machten sie es aus, und Näschen steckte das Radiererpäckchen ein, damit es bis dahin nicht verloren ging. Es passte gerade so in eine Zuknöpftasche ihrer Hose.

Die vier anderen Päckchen waren dann schnell verstaut, und ITchen vergaß auch nicht Gürtchens Festschnallgurte, die alles zusammenhielten. Fertig! Der Schlitten war gepackt.

Jetzt hätten sie nur noch die vier Schlafmützen aufzuwecken brauchen, und alles wäre wahrscheinlich so gegangen, wie sie es sich ausgedacht hatten. Die Wichtelinnen weckten die Schlafmützen aber nicht auf – und warum nicht, das hören wir morgen.

Das neunzehnte Kapitel, in dem drei Wichtelmädchen zum ersten Mal im echten Weihnachtsschlitten fliegen

Erst *wollten* sie die Schlafmützen ja wecken. Die Idee, es nicht zu machen, kam den Wichtelinnen, genauer gesagt: kam Schräubchen, erst, als sich herausstellte, wie tief und fest die vier immer noch schliefen. Sie schnarchten und schnorchelten friedlich vor sich hin und wachten selbst dann nicht auf, als Pflästerchen ihnen die Hand auf die Wangen legte, um herauszufinden, ob ihnen auch nicht zu kalt geworden war. Im Arztköfferchen, das Pflästerchen natürlich in den Schlitten geladen hatte, gab es für solche Fälle Wichtelwärmsalbe, aber die war hier gar nicht nötig.

»Alles in Ordnung, und gegen Beulen auf der Stirn hilft die Kälte sogar«, sagte die Wichteldoktorin.

Und Näschen fragte: »Sollen wir sie wecken?«

»Wir könnten ihnen Schnee in den Kragen stopfen«, schlug Selma vor.

»Oder ihnen die Nasen zuhalten«, wusste auch Wilma eine schöne Weckmethode.

Und genau da legte Schräubchen die Stirn in Falten und bat die Mädchen zu warten, sie müsse kurz überlegen. Sie überlegte dann ein bisschen länger, aber am Ende schien sie sich ihrer Sache sicher.

»Doch!«, sagte sie. »Doch, so geht's sogar noch besser.«

»*Was* geht *wie* besser?«, fragte ITchen.

»Wir sind gespannt«, sagte Pflästerchen, und Schräubchen erklärte ihnen, dass sie die Schlafmützen lieber noch eine Runde schnorcheln lassen sollten. Dann könnten sie den beladenen Schlitten nämlich noch schnell starten und sehen, ob daran alles heil geblieben war, ihn aber vor allem nicht so grottenschlecht wieder landen wie Hüfchen.

»Schon so, dass er sich vorne in den Schnee bohrt, aber nicht so tief«, erklärte Schräubchen genauer, was sie meinte. »Hüfchen soll danach immer noch den Start versemmeln, aber so, wie der Schlitten *jetzt* steht, hab ich einfach Angst, dass er ihn umschmeißt und wir wieder von vorne anfangen müssen.«

»Hör bloß auf!«, sagte ITchen erschrocken, aber als sie dann alle zum Schlitten schauten, konnten sie Schräubchen verstehen: Auch halb leer hatte er schief gestanden, aber jetzt, wo er wieder turmhoch beladen war, sah es gefährlich schief aus.

»Beim Aufladen ist mir das gar nicht so aufgefallen«, sagte Schräubchen, als könnte sie Gedanken lesen.

»Und du denkst, du kannst die Landung so hintüfteln, dass unser Tiefflieger nicht starten, aber auch nichts kaputt machen kann?«, fragte Pflästerchen und zeigte dabei auf Hüfchen.

»Sicher«, sagte Schräubchen.

»Gut.« Mehr brauchte Pflästerchen nicht zu sagen, dann kletterten die Wichtelinnen auf den Schlitten und quetschten sich alle zusammen auf die Sitzbank. Es war ein bisschen eng, aber gemütlich.

»Wow, wir fliegen mit dem echten Weihnachtsschlitten!«, freute sich Näschen, obwohl sie fast ein bisschen sauer gewesen war, dass sie und ihre Freundinnen die Schlafmützen nicht hatten wecken dürfen.

»Dann film vielleicht auch?«, sagte Selma.

»Aber pass auf, dass du die Schlafmützen mit draufbekommst!«, sagte Wilma.

Dann rief Schräubchen: »Festhalten!«, und es ging los, allerdings nicht mit einem schnellen

WUSCHHH! wie bei Schräubchen sonst immer. Stattdessen gab es erst einen ordentlichen Ruck und hinterher ein Geruckel, dass es sie alle ein paarmal von der Sitzbank hob und Näschen einmal beinahe das Handy aus der Hand gefallen wäre. Aber Schräubchen hatte alles im Griff. Noch ein letzter Ruckler, dann staubte der Schnee unter den Rentierhufen, und als er nicht mehr staubte, hatte der Schlitten abgehoben.

WUSCHHH! ging es hoch in den Nachthimmel, und den Wichtelinnen pfiff der Wind um die Zipfelmützen.

»Der Schlitten fliegt sich, als wäre nichts gewesen!«, sagte Schräubchen, als die vier Schlafmützen unten auf der Erde nur noch rote Tupfer im Schnee waren.

Dann waren auch die Tupfer nicht mehr zu sehen, und ITchen sagte: »Schade eigentlich, dass wir gleich wieder runtermüssen!«

»Und wenn einfach *wir* die Reise machen?«, fragte Näschen. »Allein?«

»Auja!«, rief Selma.

»Und die Schlafmützen holen wir auf dem Heimweg wieder ab!«, schlug Wilma vor.

»OCH BITTE!«, riefen die drei Mädchen und schmachteten ihre Mamas mit Blicken an, mit denen sie das Eis der Schlittschuhbahn im Weihnachtsdorf zum Schmelzen gebracht hätten – und ob das Schmachten auch bei den Mamas was genützt hat, das hören wir morgen.

Das zwanzigste Kapitel, in dem jemand ein bisschen übermütig wird

Nein, bei den Wichtelmamas half das Schmachten nicht: Weiterzufliegen und die Weihnachtsreise allein zu machen, komme überhaupt nicht in die Tüte, sagten sie. Der Weihnachtsmann habe beschlossen, dass Schnürchen und seine Kumpel die Weihnachtsreise übernahmen, da könne man jetzt nicht einfach machen, was man wolle. Der Weihnachtsmann sei immer noch der Weihnachtsmann, auch wenn er sich mal vertue!

»Wir helfen, aber wir tricksen niemanden aus«, erklärte ITchen den Mädchen.

»Aber *die* haben doch erst *uns* ausgetrickst«, sagte Näschen.

»Stimmt«, sagte Pflästerchen. »Und seht ihr, das ist genau der Unterschied.«

Darüber mussten die Mädchen erst kurz nachdenken, aber dann gaben sie zu, dass Pflästerchen recht hatte.

»Ja, okay, tricksen ist doof«, sagte Näschen, und Selma

und Wilma grummelten nur leise: »Och manno, schade!«, weil es ja auch schade *war*.

Aber eigentlich war nun alles gut. Oder wenigstens auf einem guten Weg, denn Schräubchen musste den Schlitten ja erst noch tüftelig landen. Sie flog ihn auch schon in einer sachten Kurve nach unten, als sie plötzlich die Zügel anzog und ihn wieder nach oben lenkte.

Sogar die Rentiere schienen sich zu wundern, was das sollte, und schauten kurz nach hinten. Aber noch mehr wunderten sich die anderen Wichtelinnen.

»Ist doch was mit dem Schlitten?«, fragte ITchen.

»Nein«, antwortete Schräubchen.

»Sondern?«, fragte Pflästerchen.

»Mir ist Kaisas Snowboard wieder eingefallen«, antwortete Schräubchen. »Es war ja nicht bei den Päckchen, die wir eingesammelt haben, und weiter unten im Schlitten kann es auch nicht liegen. Das wäre den Kolleginnen und Kollegen, die zu Hause aufgeladen haben, nicht passiert.«

»Nein«, gab ihr ITchen recht.

»Ich denke, es muss nicht weit vor Kaisas Haus vom Schlitten gefallen sein«, sagte Schräubchen. »Vielleicht, als Schnürchen und Süppchen schon mal die Gurte gelockert haben.«

Die kluge Schlittenwerkstattmeisterin kannte sich eben

aus und hatte haargenau kombiniert, wie alles gewesen war. Und weil sie das jetzt wusste, wollte sie eine Extraschleife fliegen und sehen, ob sie das Päckchen mit dem Snowboard nicht irgendwo entdeckten, denn von dem kleinen Dorf, in dem Kaisa wohnte, waren sie ja noch nicht weit entfernt.

Die Mädchen fanden die Extraschleife natürlich toll. Und ITchen und Pflästerchen hoben zwar die Augenbrauen, als ginge ihnen das alles ein bisschen zu schnell, aber sie sagten nichts, wahrscheinlich weil sie dachten, dass die kluge Schräubchen ja sicher wusste, was sie tat. Außerdem mussten sie das Snowboard sowieso suchen, und ob nun jetzt oder später auf dem Heimweg machte keinen großen Unterschied.

So war das. So kam es, dass die Wichtelinnen, statt gleich wieder zu landen, eine Extraschleife flogen, und wenn man ehrlich ist, muss man sich schon fragen, ob das nicht ein bisschen übermütig war. Denn was, wenn die vier Schlafmützen inzwischen aufwachten? Wer wusste denn, auf was für dusselige Ideen die dann kamen?!

Doch, es war ein bisschen übermütig, und die Strafe folgte auf dem Fuß. Dabei war die Extraschleife auch noch für die Katz! Sie fanden das Snowboard nicht mal! Sie schauten sich fast die Augen danach aus, aber da war

überall im weiten Umkreis um das Haus der Kettunens und auf den Feldern um das kleine Dorf, in dem es stand, nur Schnee und Schnee und Schnee.

»Dass die verflixten Dinger aber auch so flach sind!«, schimpfte Schräubchen.

»Aber Mama, das müssen Snowboards doch sein, sonst flutschen sie nicht!«, erklärte ihr Näschen.

»Ja, Schlauchen!«, sagte Schräubchen, aber dann musste sie selber lachen, dass sie sich über etwas aufregte, was nun mal nicht anders sein konnte, als es war.

»Gut, dann haben wir's wenigstens versucht, und auf dem Heimweg haben wir hoffentlich mehr Glück«, sagte sie und flog eine so enge Kurve in die Richtung, aus der sie gekommen waren, dass noch jemand auf die Sitzbank gepasst hätte, weil es sie alle auf einer Seite zusammenschob.

Tja, und dann …

Dann kamen sie zurück und sahen schon im Landeanflug, dass die vier Schlafmützen nicht mehr da waren! Wo sie gesessen hatten, sah man nur noch vier Kuhlen im Schnee. Und außerdem war der andere Schlitten weg!

Die Schlafmützen weg, der Schlitten weg, da musste man nicht lange überlegen, wie wohl das eine mit dem anderen zusammenhing – und was genau passiert war, das hören wir morgen.

Das einundzwanzigste Kapitel, in dem es bis in die hohen Berge geht

Die vier Schlafmützen waren also aufgewacht, so viel stand fest. Und dass sie erschraken, als sie sahen, dass ihr Schlitten verschwunden war, konnte man sich denken. Außerdem sah man es an den Spuren, die sie zwischen ihren Kuhlen und dem zweiten Schlitten in den Schnee getrampelt hatten. Die gingen so kreuz und quer und durcheinander, als wäre das halbe Weihnachtsdorf kopflos durch die Gegend gelaufen.

»Gut«, sagte Schräubchen. »Oder eigentlich schlecht: Die waren in Panik und dachten, wir wären ohne sie mit den Geschenken los.«

»Darum haben sie beschlossen, uns hinterherzufliegen«, sagte ITchen.

»Uns aber nicht gefunden«, sagte Pflästerchen.

So weit war alles klar. Aber wo steckten die vier jetzt? Waren sie immer noch auf der Suche? Wenn ja, wo? Wo wollten sie hin? Wollten sie überhaupt irgendwohin, oder

flogen sie so kopflos durch die Gegend, wie sie hier unten durch den Schnee gelaufen waren? Es hätte ihnen ähnlich gesehen, aber sicher war es natürlich nicht.

Sicher war nur eins: Wenn sich die Wichtelinnen und die vier aufgewachten Schlafmützen erst lange gegenseitig suchten, reichte es für die Weihnachtsreise höchstens noch, wenn sie die Päckchen über den Häusern abwarfen. Und das bei den vielen zerbrechlichen Sachen, die sich die Kinder gewünscht hatten? Handys zum Beispiel? Niemals!, beschlossen die Wichtelinnen, und das hieß nichts anderes, als dass sie die Sache nun doch selbst in die Hand nehmen mussten. Ohne Schnürchen und seine Kumpel. Wenn sie die unterwegs zufällig trafen, gut. Wenn nicht, hatten es sich die Dussel selbst zuzuschreiben.

Oder okay, ein bisschen hatten es die Wichtelinnen auch vermasselt mit ihrer Extraschleife, aber das spielte jetzt keine Rolle mehr. Sie schauten ein letztes Mal in den Nachthimmel, ob der andere Schlitten vielleicht doch noch auftauchte, dann machten sie sich – WUSCHHH! – auf die große Reise.

»Wir machen die Weihnachtsreise, wow!«, flüsterte Näschen ihren Freundinnen zu.

»Pst!«, machten die beiden. »Sonst überlegen es sich die Mamas noch anders.«

Aber die Mamas überlegten es sich nicht anders. Von jetzt an ging es nur noch darum, die richtigen Geschenke so schnell wie möglich zu den richtigen Menschenkindern zu bringen. Nur ab und zu hielten die Mamas noch nach dem zweiten Schlitten Ausschau, und die Mädchen drückten die Daumen, dass sie ihn nicht irgendwo entdeckten.

Ach, es war eine tolle Weihnachtsreise! Als Erstes bekam Hakan seine Schlittschuhe und seinen Hockeyschläger, und weiter ging es Menschenkind für Menschenkind von Norden nach Süden und einmal um die Welt. WUSCHHH! und WUSCHHH! und WUSCHHH! machte es jedes Mal, wenn der Weihnachtsschlitten wieder startete, und weil die Wichtelinnen immer schön auf die Nummern und in die Liste schauten, bevor sie die Päckchen nahmen und in die Häuser schafften, landeten auch überall die richtigen Geschenke unterm Weihnachtsbaum.

Ruhig zog der Weihnachtsschlitten seine Bahn, und nur ein einziges Mal gab es ein Ruckeln, das war, als sie aus der letzten Riesenstadt mit weiß der Himmel wie vielen Wolkenkratzern heraus waren. Da rief ITchen: »Suppi, Schräubchen, das ging ja wie am Schnürchen!«, und alle schüttelten sich vor Lachen, und Schräubchen rutschten kurz die Zügel aus der Hand.

Die Riesenstädte mit den Wolkenkratzern waren aber

auch das Anstrengendste auf der Reise, und alle waren froh, als sie die hinter sich hatten. Nicht lange danach sahen sie beim Herausnehmen eines größeren Päckchens zum ersten Mal den Schlittenboden. Und ein paar Päckchen später zeigte Schräubchen nach vorne und fragte die Mädchen:

»Seht ihr die Lichter dort, die fast bis zu uns heraufreichen?«

»Sind das keine Sterne?«, fragte Näschen.

»Nein«, sagte ihre Mama. »Da vorne sind so hohe Berge, wie es sie bei uns zu Hause gar nicht gibt, und die Lichter, das sind Häuser.«

Im Wichtelfernsehen hatten die Mädchen schon solche Berge gesehen, aber aus der Nähe war es doch noch mal was anderes. Und das Landen war dort erst schwer! Außer Schräubchen schlossen sie dabei alle die Augen und öffneten sie erst wieder, wenn der Schlitten still auf der Stelle stand. Zum Glück waren bald nur noch wenige Päckchen übrig. Und irgendwann waren's nur noch zwei ein bisschen sperrige für dieselbe Adresse.

Wie sich herausstellte, waren die Päckchen für Zwillinge auf der gegenüberliegenden Seite des Berges, von dem die Wichtelinnen gerade losfliegen wollten. Genauer gesagt, handelte es sich um Zwillingsmädchen, und sie hatten sich Mountainbikes gewünscht.

»Gut festhalten!«, sagte Schräubchen. »Wir fliegen über den Gipfel, das geht schneller als um den Berg herum!«

WUSCHHH! ging es in die Höhe, und HUIII! pfiff der Wind, dass sich alle außer Schräubchen, die ja sehen musste, wohin sie flogen, schnell duckten. Sie wurden ordentlich durchgeschüttelt, aber auf der anderen Seite des Berges war es fast windstill, und ein Stück unter ihnen stand auf einem verschneiten Felsplateau das Haus, in dem die Zwillingsmädchen wohnten. Nicht weit davon hatte der Wind eine gewaltige Schneewehe aufgetürmt – und was die Wichtelinnen dahinter stehen sahen, das hören wir morgen.

Das zweiundzwanzigste Kapitel mit einem unverhofften Wiedersehen und Wichtelmamas in Weihnachtsstimmung

Natürlich: Hinter der Schneewehe stand der andere Schlitten. Und in dem Schlitten saßen vier Wichtel, die mit in den Nacken gelegten Köpfen in den Himmel schauten, als suchten sie was. Darum sahen sie den anderen Schlitten auch gleich angeflogen kommen. Da winkten sie und hüpften aus dem Schlitten, und als die Wichtelinnen landeten, kamen sie hinter der Schneewehe vorgesprungen. Mit Schnürchen an der Spitze kamen sie gerannt und riefen:

»Da seid ihr ja endlich!«

»Mensch, wo wart ihr denn so lang?!«

»Wir dachten schon, ihr kommt gar nicht mehr!«

»Was fliegt ihr denn allein los, wenn ihr dann den Weg nicht findet?!«

Sie machten einen solchen Lärm, dass die Wichtelinnen zum Haus der Zwillingsmädchen schauten und nur hofften, dass dort nicht gleich ein Fenster aufging.

»STILL!«, sagte Schräubchen mit Flüsterstimme, und genauso energisch, wie sie tags zuvor *zwei* Flitzpiepen vom Hangardach gescheucht hatte, scheuchte sie jetzt *vier* Flitzpiepen hinter die Schneewehe zurück.

»Wartet dort, wir kommen nach!«, zischte sie noch, dann machten die vier kehrt und setzten beim Gehen so vorsichtig die Stiefel in den Schnee, dass es nicht mal knirschte.

Die Mädchen brachten die sperrigen Päckchen dann ins Haus, und weil sie dafür zweimal gehen mussten, fuhren die Mamas schon mal vor, damit die vier Flitzpiepen nicht so lange allein blieben. Eigentlich konnten sie mit einem leeren Schlitten hinter einer Schneewehe nicht viel falsch machen, aber sicher war sicher. Als die Mädchen auch dort ankamen, sahen sie die Erwachsenen schon zwischen den geparkten Schlitten stehen und miteinander reden.

»… nicht irgendwo auf uns gewartet?« war das Erste, was die Mädchen hörten, und die das fragte, war ITchen.

»Wo denn?«, fragte Schnürchen zurück.

»Ja, genau, wo?«, fragte Hüfchen.

»Wir konnten ja nicht wissen, wo ihr schon gewesen seid«, sagte Süppchen.

»Ja, genau«, sagte Schmirgelchen.

»Und wenn ihr mal in ein Haus geschaut hättet, ob wir schon da waren?«, fragte Pflästerchen.

»Woran hätten wir das denn sehen sollen?«, fragte Schmirgelchen, aber die Frage war *so* doof, dass ihn Süppchen in die Seite boxte.

»Wir dachten eben, dass ihr vor uns fliegt und wir euch einholen müssen«, erklärte Schnürchen.

»Also haben wir uns beeilt«, erklärte Hüfchen.

»Verstehe«, sagte Schräubchen. »Und übrigens: Gut, dass ihr bei der letzten Adresse auf uns gewartet habt!«

»Das war schlau«, sagte ITchen.

»Darauf muss man erst mal kommen«, sagte Pflästerchen.

Wie bitte?, dachten die Mädchen. Das war doch überhaupt nicht schlau! Wenn die vier dachten, sie fliegen *hinterher*, dann hätten sie doch spätestens *hier*, bei der letzten Adresse, mal schauen müssen, ob die Geschenke schon unterm Weihnachtsbaum lagen. Wäre es nämlich so gewesen, hätten sie bis zum Sankt-Nimmerleins-Tag hinter der Schneewehe warten können.

So dachten die Mädchen aber nur im ersten Moment. Dann war ihnen klar, dass ihre Mamas so redeten, weil sie die Reise jetzt in Ruhe und Frieden zu Ende bringen

wollten. Es waren ja auch noch die Schlitten ins Weihnachtsdorf zurückzufliegen. Und das Päckchen mit dem Snowboard mussten sie noch suchen. Also war gar keine Zeit für einen Streit darum, wer nun wann was falsch gemacht hatte.

Blieb nur noch zu klären, wer auf dem Heimweg welchen Schlitten fliegen sollte, und da sah man wieder, dass die Mamas schon in der schönsten Weihnachtsstimmung waren. Schräubchen schlug nämlich vor, dass sie die Schlitten wieder tauschten, und erst als Hüfchen grinste wie ein Honigkuchenrentier, weil er so froh war, dass er nicht mit dem Ersatzschlitten im Weihnachtsdorf würde landen müssen – erst da sagte Schräubchen mit ihrer Schlittenwerkstattstimme:

»Aber du nimmst Eitichen mit, falls unterwegs was mit dem Navi ist!«

Hüfchen schluckte, aber er protestierte nicht.

»Und du fliegst immer schön hinter mir her, okay?«, sagte Schräubchen, als wäre es eine Frage, obwohl es ganz klar keine war.

Und protestierte Hüfchen jetzt? Nein, auch nicht. Er schluckte nur wieder und schaute auf seine Stiefelspitzen. Von dort schielte er verlegen nach seinen Kumpeln, und neben denen standen die Mädchen. Sie sahen eigentlich ganz harmlos aus, aber Hüfchen fuhr bei ihrem Anblick so der Schreck in die abgeknickte Zipfelmütze, dass sie sich kerzengerade aufrichtete – und was den armen Hüfchen so erschreckte, das hören wir morgen.

Das dreiundzwanzigste Kapitel, in dem sich die sowieso schon größten Dussel im ganzen Weihnachtsdorf selbst übertreffen

Was den armen Hüfchen so erschreckte, war das Handy, das Näschen nicht ganz in Kopfhöhe hielt.

»Äh … die Kleine macht hier aber keine Fotos oder so?«, wollte er von Schräubchen wissen.

»Eher Filmchen«, sagte Schräubchen. »Sie will mal Filmemacherin werden, da mag ich's ihr nicht verbieten.«

Man sah Hüfchen deutlich an, dass *er* es Näschen gern verboten hätte, jedenfalls jetzt gerade, aber das konnte er natürlich schlecht, wenn es ihre Mama erlaubte. Er hatte es nur plötzlich schrecklich eilig, auf seinen Schlitten zu kommen. Genau wie Schnürchen, Schmirgelchen und Süppchen, die alles mitangehört hatten.

Nur war da ja noch die Sache mit dem Snowboard.

»Moooment!«, sagte Schräubchen, als die vier schon halb auf dem Schlitten waren. »Ihr wisst nicht zufällig, wo Kaisa Kettunens Snowboard abgeblieben ist?«

»Kaisa Kettunen?«, fragte Schnürchen.

»Müssten wir die kennen?«, fragte Küfchen.

»Nein«, sagte Schräubchen mit einem leisen Seufzer.

»Ich kenne eine Kaisa, aber die heißt Virtanen«, sagte Schmirgelchen.

»Die hat mal bei mir in der Küche ausgeholfen«, erinnerte sich Süppchen.

Und da reichte es Schräubchen.

»Steigt ein, wir fliegen!«, sagte sie zu den verpeilten Nasenbären. »Das mit Kaisa Kettunens Snowboard erklärt euch ITchen unterwegs.«

Auch sie selbst kletterte jetzt auf ihren Schlitten, und Pflästerchen und die Mädchen folgten ihr. Sie nahmen, wie zuvor im richtigen Weihnachtsschlitten, wieder auf der Sitzbank Platz, und diesmal, ohne ITchen, war es nicht nur gemütlich, sondern sogar bequem.

»Können wir?«, fragte Schräubchen.

»Warte!«, sagte Pflästerchen und schaute nach hinten in den Schlitten, wo ihre Arzttasche stand. Es war so eine Gewohnheit, dass sie, wenn sie von irgendwo aufbrach, vorsichtshalber noch mal nach der Tasche schaute. Das

machen alle Ärztinnen und Ärzte, da war Pflästerchen keine Ausnahme. Sie schaute also in den Schlitten, und da stand die Tasche noch genau so, wie Pflästerchen sie vor der Reise hingestellt hatte – und daneben lag ein langes, schmales, flaches Päckchen.

»Nein!«, sagte Pflästerchen.

»Was nein?«, fragte Schräubchen, die schon die Zügel in den Händen hielt.

»Da ist es«, sagte Pflästerchen.

Jetzt schauten die anderen auch nach hinten in den Schlitten, und die Mädchen turnten gleich zu dem Päckchen hin und suchten nach der Nummer, aber das wäre gar nicht nötig gewesen, denn es konnte ja nichts anderes sein als das Päckchen Nummer 1 mit dem Snowboard für Kaisa Kettunen, die Snowboardfahrerin.

»Wir haben es!«, rief Pflästerchen zum anderen Schlitten hinüber.

»Das Snowboard?«, rief ITchen zurück.

»Es liegt hinter uns im Schlitten!«, rief Pflästerchen.

»Frag sie mal, warum sie uns das nicht gesagt haben!«, mischte sich auch Schräubchen noch mal ein.

»Sie sagen … Moment, die reden alle durcheinander!«, rief ITchen. Und kurz darauf: »Sie sagen, sie konnten ja nicht wissen, dass in dem Päckchen ein Snowboard ist, und dass es ausgerechnet für jemand sein soll, der mal bei Süppchen in der Küche ausgeholfen hat, auch nicht. Sie haben es gefunden, als sie nach uns gesucht haben …«

An der Stelle hielt ITchen kurz inne und beugte sich von der Sitzbank, wo sie neben Hüfchen saß, nach hinten.

»… Schmirgelchen sagt, sie hätten nach der Nummer geschaut, aber nur einen verwischten Strich gefunden!«

Man hörte, dass ITchen sich das Lachen verkneifen musste, weil sich die vier größten Dussel im ganzen Weihnachtsdorf am Ende noch mal selbst übertroffen hatten.

»Nur einen verwischten Strich«, gluckste Schräubchen. »Ich krieg die Krise …«

Sie brauchte ein Taschentuch, um sich die Lachtränen wegzutupfen, aber dann gab sie sich einen Ruck, und WUSCHHH! ging es ab in die Luft. Schließlich mussten sie noch bei Kettunens vorbei, und überhaupt war es spät geworden. Sehr

spät sogar. So spät, dass sie sich zu Hause im Weihnachtsdorf schon Sorgen machten.

Umso größer war der Jubel, als endlich die beiden Schlitten über den Wipfeln des Weihnachtswaldes auftauchten – und wie es danach weiterging, das hören wir morgen.

Das lange vierundzwanzigste Kapitel, in dem aber auch viel gejubelt und gefeiert wird

»Da kommen sie!«

Es brauchte nur den einen, nicht mal so lauten Ausruf eines Wichteljungen, der gern Vögel beobachtete und deshalb ein besonders scharfes Auge besaß, da brach neben der Start- und Landebahn ein Jubel los, wie ihn selbst die älteste Schneeeule im Weihnachtswald noch nicht gehört hatte. Wie jedes Jahr hatte das ganze Weihnachtsdorf auf die Rückkehr des Weihnachtsschlittens gewartet, und sicher, auch der Weihnachtsmann hatte sich gelegentlich verspätet, aber doch nicht um Stunden! Und dann waren ja auch die Wichtelinnen im Ersatzschlitten noch nicht wieder aufgetaucht!

»Vielleicht verspäten sich zwei Schlitten ja doppelt«, hatte jemand erst vor wenigen Minuten ein Witzchen probiert, aber niemand hatte gelacht.

Dafür lachten die Weihnachtsdorfbewohner jetzt umso mehr und fielen sich in die Arme und tanzten sogar auf die Start- und Landebahn, bis für die heranfliegenden Schlitten nur noch eine schmale Gasse übrig blieb. Und trotzdem landeten beide perfekt, weil Hüfchen nämlich nur genau hinter Schräubchen herzufliegen brauchte, und dass er das machte, dafür sorgte ITchen.

»Wo wart ihr denn so lange?«, wurde den Ankömmlingen schon zugerufen, als sie noch gar nicht von den Schlitten herunter waren. »War unterwegs was? – Mit welchem Schlitten denn? – Musstet ihr umladen? – Oder habt ihr die Päckchen aufgeteilt?«

So ging es in einem fort, bis plötzlich eine wohlbekannte Stimme über die Wichtelmenge hinwegdonnerte.

»JETZT LASST SIE DOCH ERST MAL ZUR RUHE KOMMEN!«, donnerte die Stimme, und alle schauten verwundert zum Haus des Weihnachtsmanns, weil sie ja dachten, der liege krank im Bett. Aber nein, dort stand er mit ausgebreiteten Armen am geöffneten Schlafzimmerfenster, und soweit man aus der Entfernung sehen konnte, trug er sogar seine feinen Festtagssachen.

Da jubelten alle noch mal und warfen vor Freude ihre Zipfelmützen in die Luft, und hinterher gab's ein wildes

Gesuche und Gewusel, weil sich die allermeisten Wichtelzipfelmützen ja nur durch die Größe unterscheiden.

»IN FÜNF MINUTEN BEI UNS IN DER GUTEN STUBE!«, donnerte der Weihnachtsmann, und wer seine Zipfelmütze schon gefunden hatte, sah ihn kopfschüttelnd das Schlafzimmerfenster schließen.

»Kann er denn so schnell gesund geworden sein?«, wollte Näschen von Pflästerchen wissen.

»Nein«, sagte Pflästerchen. »Da muss ihm seine Frau geholfen haben.«

Und genauso war es. Sie hatte ihm aus dem Bett und in den feinen Mantel und ans Fenster geholfen, und während sich draußen alle, die ihre Zipfelmützen wieder aufhatten, zum Haus der Weihnachtsmanns aufmachten,

half sie ihm drinnen die Treppe hinunter. Der Gute holte auf jeder Stufe tief Luft, aber er machte keinen Mucks. Die Kerzen am Weihnachtsbaum brannten schon, das roch man; das festliche Büfett war aufgebaut, das roch man auch; vor der Haustür trampelten sich die ersten Gäste den Schnee von den Stiefeln, das hörte man – und da sollte er im Bett bleiben? Niemals! Der Hexenschuss konnte ihm den Buckel runterrutschen!

Auf seine Frau gestützt, war der Weihnachtsmann am Fuß der Treppe angekommen, als er hörte, dass

Cellinchen aus dem Wichtelorchester schon ihr Cello stimmte. Da kamen ihm die Tränen. Und sie kamen ihm an dem Abend noch oft: als das Wichtelorchester Weihnachtslieder spielte und alle mitsangen, dass am Weihnachtsbaum die Kugeln wackelten; als die Pastetchen mit Morchelsoße, die ausnahmsweise nicht in Süppchens Kantine, sondern in der Backstube zubereitet worden waren, kein bisschen nach gelber Erbsensuppe schmeckten; als die Wichtel ihre Geschenke wichtelten und sich über Geschenke, die sie am allerwenigsten gebrauchen konnten, am allermeisten freuten; als er selbst schon wieder eine Krawatte geschenkt bekam, obwohl man die unter seinem langen weißen Bart gar nicht sehen konnte; und zuletzt, als seine Frau sich riesig über ein italienisches Kochbuch freute, obwohl sie schon eins besaß und sich ein japanisches gewünscht hatte – immer aufs Neue kullerten dem Weihnachtsmann die Tränen über die Wangen, und er wischte sie nicht mal weg.

»Man merkt schon, dass er älter wird«, murmelte jemand, der nah bei dem bequemen Ohrensessel stand, in dem der Weihnachtsmann saß.

»Den Schlafanzug hat er auch noch an«, murmelte jemand anderes, und wirklich schaute zwischen seinem feinen Mantel und den polierten Stiefeln, in die ihm seine Frau geholfen hatte, ein Stück Schlafanzughose heraus.

Aber tat das der schönen Weihnachtsstimmung Abbruch? Nein, im Gegenteil! Alle waren ganz gerührt, dass der gute alte Weihnachtsmann so gerührt war, und freuten sich, dass er dabei sein konnte.

Lang wurde der Abend, sehr lang, und nur einmal wurde es kurz ungemütlich – nicht für alle, aber für die vier vom Weihnachtsschlitten. Da lehnte sich der Weihnachtsmann nämlich zurück, winkte Schnürchen und seine Kumpel heran und sagte:

»So, und jetzt will ich hören, wie die Reise war!«

»Tippitoppi!«, sagte Hüfchen, der sich an Schnürchen vorbeigedrängt hatte. »Oder wie mein Kumpel Schnürchen sagen würde: Es lief alles wie am Schnü…«

So weit war Hüfchen, als er Näschen in seine Richtung schauen und mit ihrem Handy spielen sah.

»Es lief alles wie am Schnürchen, meint Hüfchen«, mischte sich jetzt Schräubchen ein. »Und das stimmt, so könnte man sagen.«

Hüfchen schaute Hilfe suchend seine Kumpel an, aber die zuckten nur die Achseln, weil sie auch nicht wussten, was das jetzt zu bedeuten hatte. Und bevor sie sich's über-

legen konnten, wollte es der Weihnachtsmann schon genauer wissen.

»Keine Probleme mit dem hoch beladenen Schlitten?«, fragte er.

»Äh … also …«, begann diesmal Schnürchen.

»Nur am Anfang«, sprang ihm Schräubchen bei. »Da mussten sie etwas holprig zwischenlanden, aber es war dann nur eine Schraube locker.«

»Und von dem Geholper habt ihr die Beulen auf der Stirn?«, fragte der Weihnachtsmann.

»Äh … also …«, versuchte es wieder Hüfchen.

»Die sind mehr von den Päckchen«, half ihm Pflästerchen. »Ich sag ja schon lange, wenn die Geschenke immer größer werden, sollten wir für den Weihnachtsschlitten die Helmpflicht einführen.«

»Aber sonst ging mit den Geschenken alles klar?«, versuchte der Weihnachtsmann schnell abzulenken.

»Äh … also …«, begann wieder Schnürchen.

»Wenn im Navi alles stimmt, kann ja nichts schiefgehen«, half ihm ITchen aus der Verlegenheit.

»Schön, sehr schön«, sagte der Weihnachtsmann, und die vier Kumpel atmeten schon auf. Aber eine Frage hatte der Weihnachtsmann noch:

»Versteh ich das richtig, dass ihr nach der Sache mit

der lockeren Schraube mit *zwei* Schlitten weitergeflogen seid?«

»Äh … a-also …«, stotterte Hüfchen.

»A-also … äh …«, stotterte Schnürchen.

Und eigentlich wollten die Wichtelinnen sie jetzt ein bisschen zappeln lassen, aber dann kam die große Überraschung.

»Weil es mit zwei Schlitten doppelt so gut geht!«, erklärte ausgerechnet der verpeilte Schmirgelchen.

Und der genauso verpeilte Süppchen erklärte, das sei genau wie in der Küche beim Kartoffelschälen.

Da lächelten Schräubchen, Pflästerchen und ITchen nur still, und Näschen, Selma und Wilma lächelten auch, und Näschen filmte alles mit dem Handy. Sie filmte auch, wie der Weihnachtsmann verkündete, weil dieses Jahr alles wie am Schnürchen gelaufen sei, machten sie es im nächsten Jahr genauso.

»Mit nur einem kleinen Unterschied«, sagte er nach einer kurzen Pause. Dann stemmte er sich an den Sessellehnen in die Höhe, breitete die Arme aus und sagte mit links und rechts einem Tränchen im Auge: »Nächstes Jahr bin ich wieder dabei!«

Wenn bei dem Jubel danach die Scheiben aus den Fenstern geflogen wären, hätte es niemanden gewundert. Sogar die Frau des Weihnachtsmanns jubelte und fragte sich erst, als sie ihm am Ende des langen Abends die Treppe hinaufhalf, ob das alles so richtig war. Aber wahrscheinlich schon.

*

Und sonst?

Erfuhren sie im Weihnachtsdorf auch später nicht, wie es auf der Weihnachtsreise in dem Jahr wirklich gewesen war? – Doch, natürlich. So was spricht sich bei den Wichteln genauso herum wie bei den Menschen. Es haben nur alle sehr gelacht, und immer noch sagt man im Weihnachtsdorf, wenn jemand über was schrecklich lange nachdenken muss, dem oder der rauche der Kopf wie einem abgestürzten Wichtel.

Ach ja, und Näschen fand gleich am nächsten Morgen das Päckchen mit dem Tannenzapfenradierer in der Hosentasche. Den hatten sie doch glatt vergessen! Und in einem weit abgelegenen Dörfchen oben in Island wunderte sich die kleine Sigridur, dass mit vielen anderen Geschenken auch ein toller Zeichenstiftekasten unterm Weihnachtsbaum lag, aber ausgerechnet der Radierer, den sie mit auf ihren Wunschzettel geschrieben hatte, nicht. Das war aber sogar ein Glück. Sigridurs Papa hatte nämlich einen extragroßen Radierer, der wie ein Gorilla aussah, nur leuchtend grün, den bewunderte sie schon lange, und jetzt bekam sie ihn geschenkt.

Und Näschen? Näschen durfte den Tannenzapfenradierer behalten. Sie fragte extra den Weihnachtsmann, ob es schlimm sei, dass sie den vergessen hatten, und er schmunzelte nur und sagte, dass die Geschenke für so viele Menschenkinder auf einen einzigen Schlitten passten – oder auch auf zwei –, sei schon ein großes Wunder. Und dass die ganze lange Weihnachtsreise nicht mal einen Tag dauere, sei noch mal ein genauso großes. Da dürfe man im Kleinen nicht so pingelig sein.

»Ich merk's mir«, versprach Näschen.

Dass ihr gerade das kleine Glitzerbändchen im Wertstoff-Container eingefallen war, sagte sie nicht.

Friedbert Stohner in der Reihe Hanser:
Ich bin hier bloß das Pony
Minzi Monster in der Schule
Ein Rentier kommt selten allein
Ich bin hier bloß das Schaf
Ich bin hier bloß der Opa
Bleibt Oma jetzt für immer?
Lotti – Aus dem wilden Leben einer Teddybärin

1. Auflage 2024
© 2024 dtv Verlagsgesellschaft mbH & Co. KG, München
Umschlagillustration: Katrin Engelking
Gesetzt aus der Sabon
Satz: Fotosatz Amann, Memmingen
Druck und Bindung: Grafisches Centrum Cuno, Calbe
Printed in Germany · ISBN 978-3-423-64123-4

Friedbert Stohner, geboren 1951, lebt in Altlußheim am Rhein und in Finnland. Nach langen Verlagsjahren, in denen er u.a. das Hanser-Kinderbuch mit auf den Weg brachte, hat er sich ganz aufs Schreiben verlegt.

Katrin Engelking, 1970 in Bückeburg geboren, studierte an der Fachhochschule für Gestaltung in Hamburg Illustration und arbeitet seit 1994 als freie Künstlerin. Sie lebt mit ihrer Familie in Hamburg. Zuletzt illustrierte sie für die Reihe Hanser die ›Super-Wilma‹-Reihe von Pertti Kivinen.

Pflästerchen

Hüfchen

Näschen

Schmirgelchen

ITchen